不只是陪伴

永齡・鴻海台灣希望小學
與孩子們的生命故事

永齡・鴻海台灣希望小學首本著作，
透過三十個生命故事，
探討弱勢孩童所面臨的問題，
以社工與課輔雙軌支持系統，
同理並幫助孩子，
陪伴他們走向未來。

本書版稅收入將全數捐贈永齡．鴻海台灣希望小學，
納入學童補救教學計畫經費。

子的未來
一整個世代

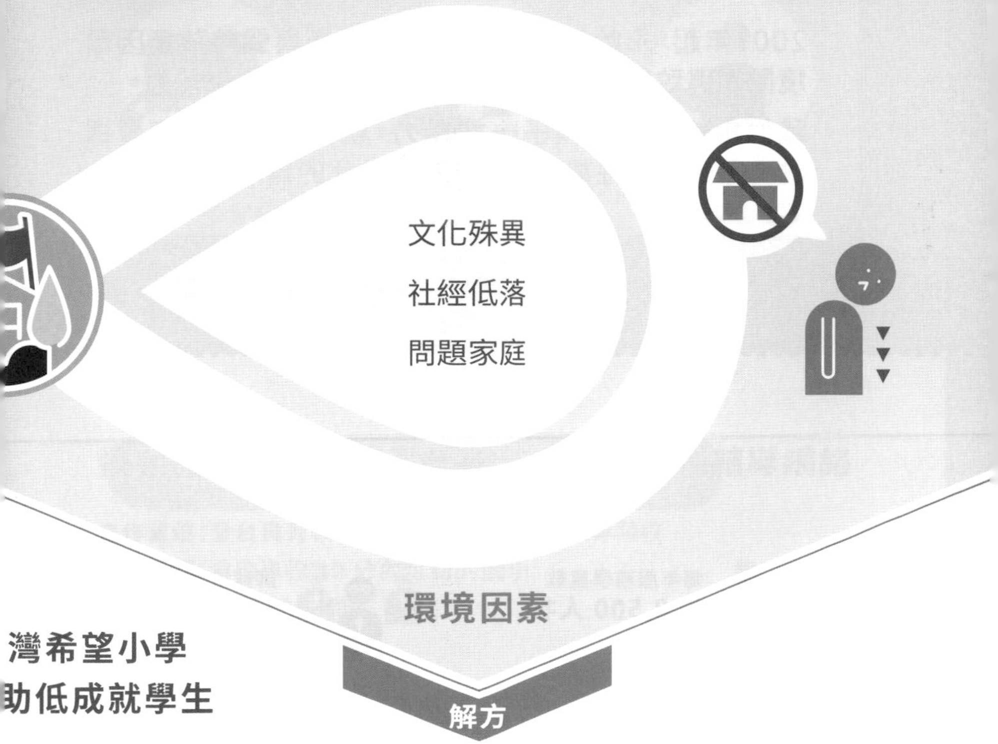

灣希望小學
助低成就學生

透過社工系統量身打造輔導方法

全面評估學生狀況
(個人、家庭、學校、社區)

根據個別狀況
提供輔導與幫助

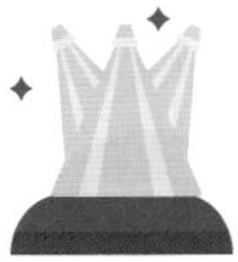

為學生尋找多元舞台
拓展視野與自信心

改變孩
就是改變

缺乏學習機會

缺乏學習動機

缺乏學習基礎

學習因素

永齡・鴻海台
如何從根本幫

解方

開發有效幫助學生學習的教材

找出能力起點
透過客觀評量工具，
鞏固基礎學習能力。

引發學習動機
結合互動式教具，
客製化圖像式教材。

創造機會
為學習盲點研發教材，
並成立國英數教學指導群。

翻面看看成果

永齡自研發補救教學系統

找到能力起點

經由科學化的國語測驗卷（注音及造詞兩面項）找到學童的真實程度。

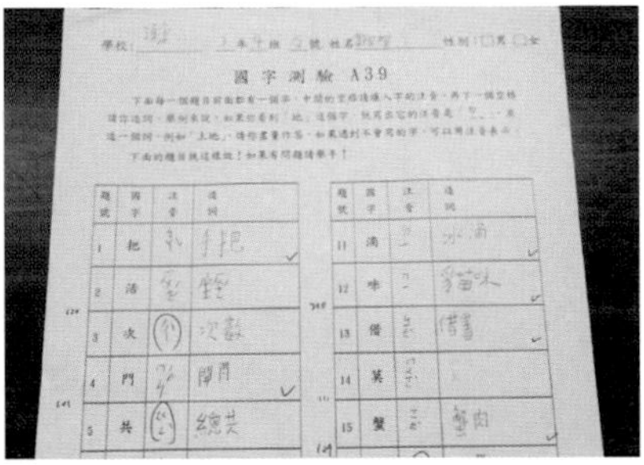

團隊透過科學化前後測機制，找到學童真實程度重學習缺口開始，打穩基礎後，訂定短、中、長期目標，進行累積式知識學習，追蹤成效。

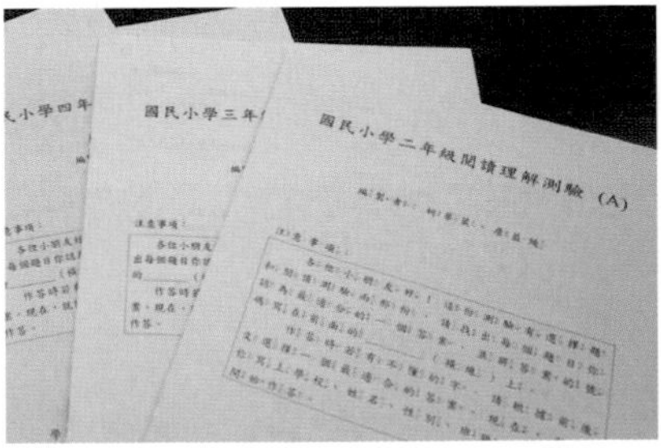

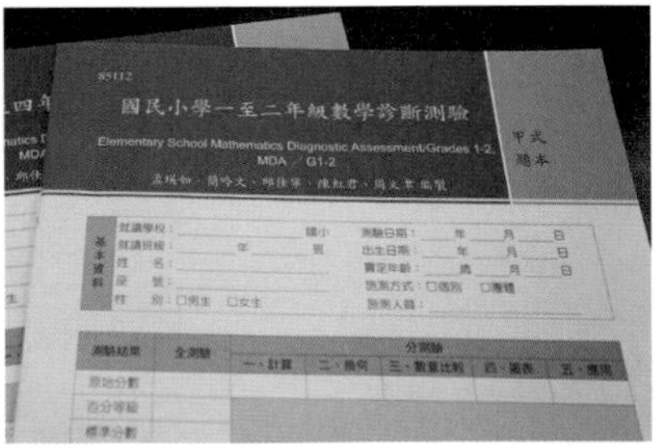

永齡課輔班前測執行過程。

分析該分校英語班學童的學習情況，並進行學習成效對比。

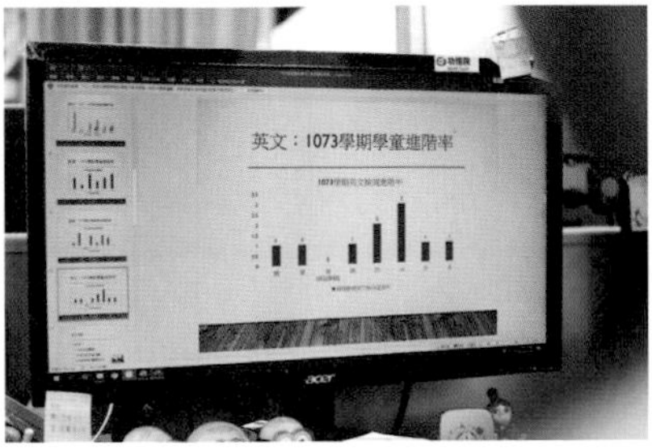

✽ 課輔老師以及專職團隊共同討論學生測驗考卷，找到學生學習上的困難知識點。

✽ 75-79 分的考卷，團隊會進行學童錯誤題數、占分比以及粗心比例進行綜合性評估是否通過測驗（及格分數 80 分）。

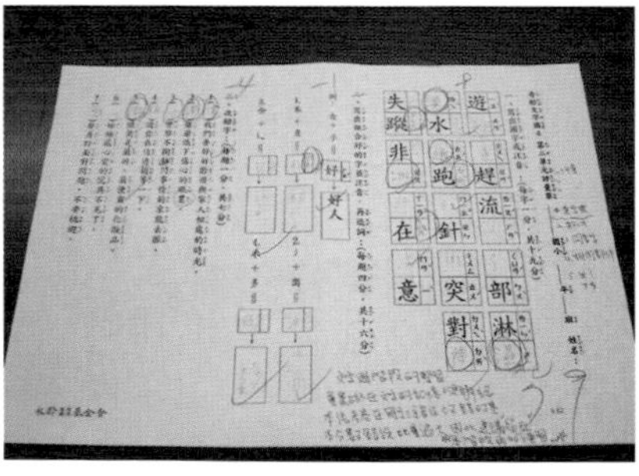

獨家教學解方

永齡．鴻海台灣希望小學北中南東四區的國語、數學種子講師交流會，第一線教學現場經驗交流

榮獲國教屬認證永齡．鴻海台灣希望小學國語科、數學科師資培訓課程。

✻ 透過結構式教材，帶領學童學習國語科造句。

✻ 學童於課輔課程中，練習國語習作本。

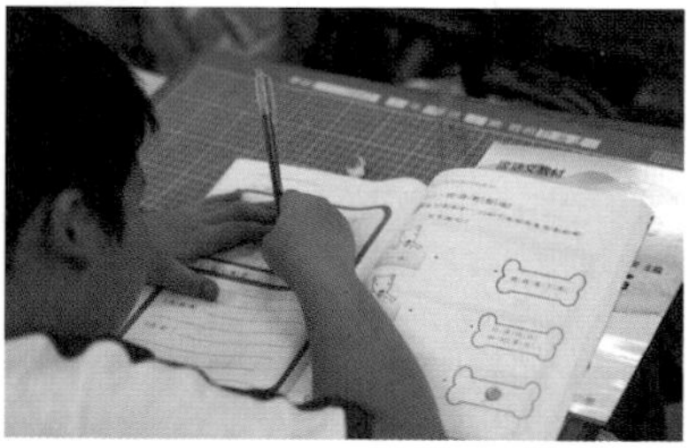

✻ 融入數學教具，於課堂中教學。

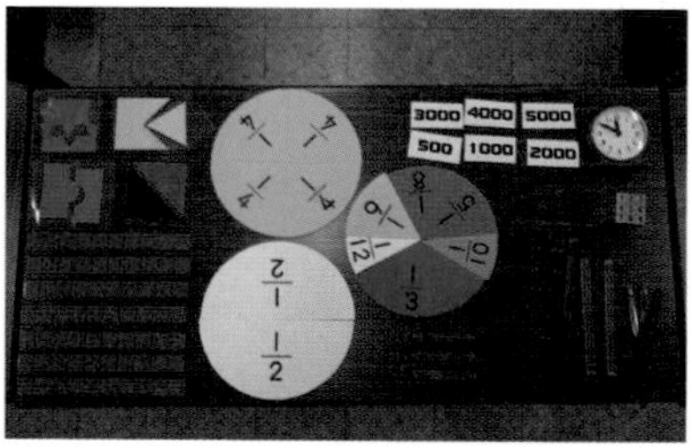

創造機會：

✻ 繪本式教材設計理念：1. 色彩豐富 2. 圖像視覺 3. 保有及啟發學童聯想及邏輯能力。

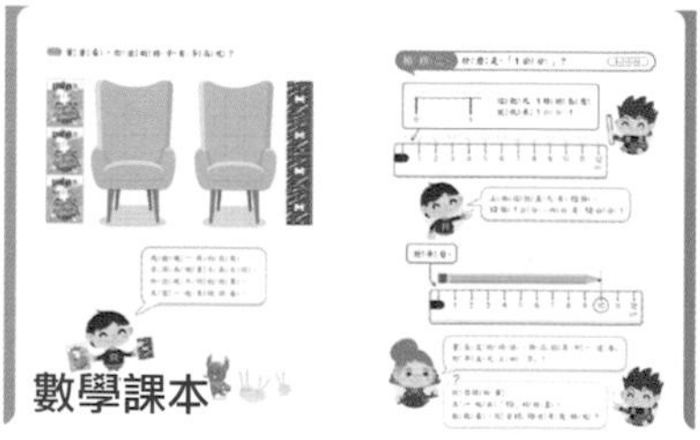

數學課本

國語課本

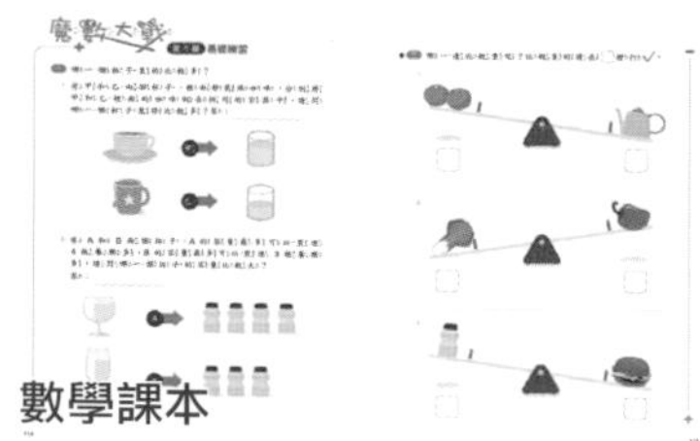

數學課本

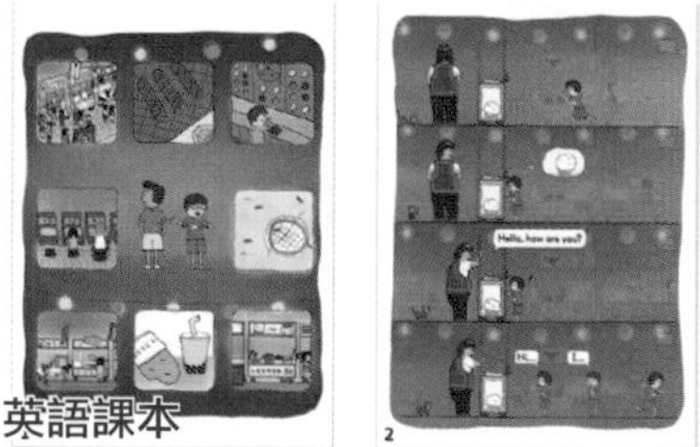

英語課本

社工心理與行為輔導

找到環境問題

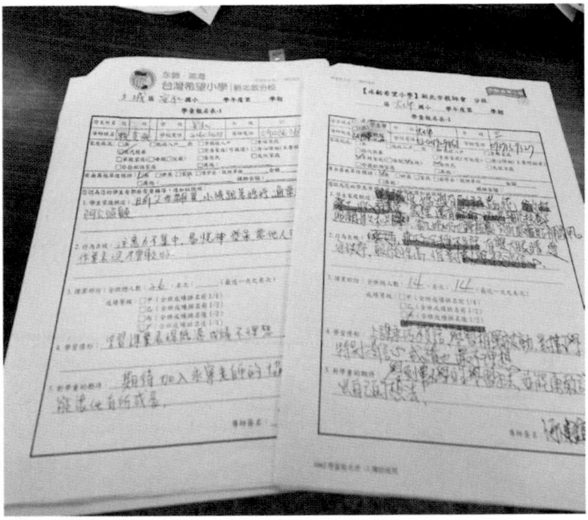

✻ 完整的開案程序，會診「學生、學校、家庭」深入了解學習環境及家庭資訊收集，與學校端以及原班級老師了解學童學習現況，並實際進行開案學童家訪並詳細記錄。

✻ 家系圖：了解家庭經濟、家庭人口與關係，健康與生活狀態等。

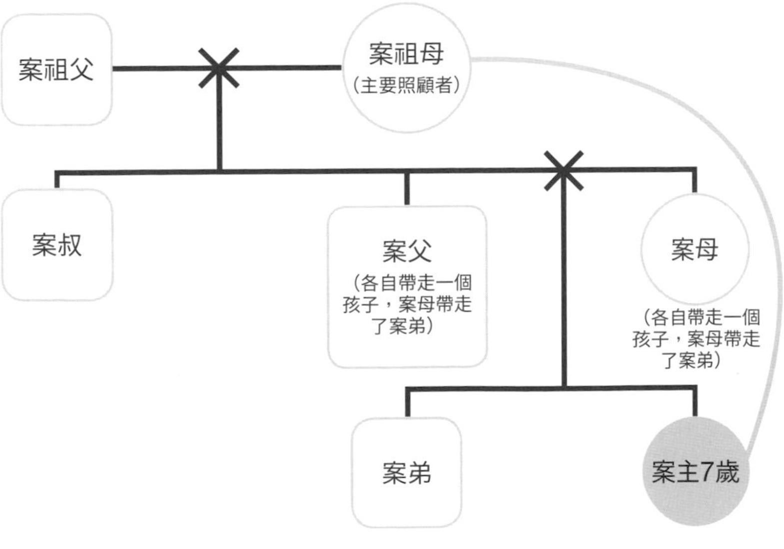

客製化解方

✲ 社工委員會以及社工專員共同訂定學童情緒及行為表現處遇規劃，用理解的態度與學童分享合適的處理方式。

✲ 理解家境困難的家長狀態，用家長可以理解與可行的方式，一起付出幫助學童進步，並請校方與原班老師配合輔導。

2019 年夏日英雄大會師共 700 位師生一同參與科目類競賽。

2019 年夏日英雄大會師分享舞台。

戰鼓舞表演

創辦人郭台銘先生親自蒞臨現場替學童以及老師打氣鼓勵。

✽ 永齡・鴻海台灣希望小學中興分校學童代表台灣參加，2017 年 DFC 西班牙國際年會。

✽ 2018 DFC 全球年會在台灣共有 40 個國家的小孩參與活動。

✽ 永齡基金會長期支持培養核心素養的多元活動。

✽ 曾馨瑩女士以及郭守正董事長蒞臨 LIS 多元課程現場，用行動支持學童。

✽ 空拍機多元課程。

✽ 歷年來規模最大的 DFC 全球年會。

戶外攀岩多元課程。

自走車程式語言培訓課程。

多元課程：香港航空職人體驗，機司親自帶領學童進入駕駛艙並於學童前實際操作並回答學童問題。

多元課程：童理心 VR 情緒體驗課程，體驗不同面向的情緒感受課程。

學童參加 Jr.NBA 台北籃球賽。

透過設計思考，培養孩子解決問題的能力。

成為承載孩子向上起飛的翅膀

辦理超過十二年的「永齡・鴻海台灣希望小學計劃」，接受過計劃培育的孩子已經超過十萬位，永齡由我女兒曉玲開始辦理到守正負責這個計劃超過十年，近年來，孩子們的學習有更多與科技互相結合的面向，所以鴻海也開始投入協助，一起幫助許多家境有困難，低學習成就的孩子，能夠在學習成長的路上回歸正軌，曾聽到十二歲的孩子喪氣的說他這輩子已和數學、英文無緣，我摸摸他的頭和他說：「人生沒有放棄的道理，何況你才幾歲，我是等創業做生意的時候才認真學英文，何況數學裏的數字把它們想像成可以拿回家的生活費，應該就會覺得數學很親切了吧。」孩子天真的說：「哇，要算錢我可是很會」，對學習而言，動機很重要。

在投入總統初選走訪各縣市的那段時間，是我人生珍貴的體驗，要很感謝各地永齡・

鴻海台灣希望小學分校的幫忙，我根本沒有什麼政治上的椿腳，但原來民間的朋友這麼多，到花蓮東華大學，永齡・鴻海台灣希望小學－東華分校的教授和我介紹二位當年在小學時期接受希望小學照顧的孩子，他們已在今年考上東華大學，還向我簡報東華希望小學分校的發展，「十年樹木，百年樹人」，教育真的是一步一腳印，看著他們，我的心裏懷抱一種感恩的激動，感恩的是這些先天條件不好的孩子有機會向大家證明他們很優秀，激動的是只要有一顆善種子就能有機會結成大樹，可見長年來的堅持與投入是對的。

感謝所有對「永齡・鴻海台灣希望小學計劃」付出的人們，「改變一個孩子就是改變一整個時代」，在少子化的今日，台灣社會沒有任何本錢可以忽略任何一個小孩，我曾提出要0～6歲國家幫忙養，增加生育率，但每個生出來的孩子，都該受到支持，讓我們每個人都能成為承載孩子向上起飛的翅膀。

鴻海科技集團暨永齡基金會創辦人

郭台銘

每個孩子都在找一個自己的位置

「永齡．鴻海台灣希望小學」是個遍及全台灣的計劃，在這十多年間照顧的小朋友們，很多都已在社會上工作，曾經在希望小學辦的活動中回來和老師們相聚，有護士，有公務員，有上班族等，孩子們都懷著感恩的心來看老師，在他們的分享中也提到在目前生活中都會盡量的幫助身邊需要他們幫助的人，這樣的善循環是社會進步與向前的動力，也是長期投入後令人感到欣慰的成果。

這本書集結了許多案例，不論是對個案兒童的關懷或是面對孩子影響他們學習問題時該如何解決，都提供了第一線的觀察與實際輔導的經過與結果，我想可以提供給很多正在從事相關工作朋友們實務上的借鏡，也可以讓很多對輔導孩童成長有興趣的人參考。我認為人生最大的收穫不僅是每個人在自身專長領域的突破與成長，更大的收穫是將自己的學習轉化為可以與人分享的智慧，目的不在彰顯自身的成就，而是推動集體的改變，

「永齡・鴻海台灣希望小學」十多年來能做的事對社會廣大需要幫助的兒童而言仍是杯水車薪，希望這本書能起擴大的效果，讓更多有能力，有抱負者也可以為台灣孩子的未來一起奮鬥。

「每個孩子都在找一個自己的位置」，在書中提到有個孩子又想在永齡課輔班（希望小學）上課，但又時常大小事件不斷的搗蛋，玩過頭時，還有可能讓其它孩子受傷，讓課輔老師和社工老師都很頭痛，進一步的觀察才發現這個孩子在家裡是單親爸爸照顧，但原則上大多數的時間只有他一個人，在學校，也常常是落在多數孩子後的孤獨身影，這些形成原因從生活習慣到與人相處甚至是情緒控制可能都有關係，經由輔導慢慢協助解開問題的同時，孩子重新定位自己，找到自己在群體中可以扮演的角色，而成績也就自然的提昇了；我們每個人何嘗又不是一直在找尋自己的位置，經由不斷成長及修正自我去找到與其它人，與社會共處的頻率？我個人對教育懷抱熱情，相信教育是對社會，國家發展最重要的根基，感謝長年來「永齡・鴻海台灣希望小學」各分校單位，大學的合作夥伴，辛苦的老師及同事們，看完這本書，我以大家為榮，也為能對需要幫助的孩子們中盡一份心力感到榮耀，讓我們大家一起努力。

永齡慈善暨教育基金會董事長

郭守正

用執行力讓世界更美好

我出社會的第一份工作是電視台的「執行製作」，現在被大家認識是永齡慈善暨教育基金會的「執行長」，雖然做的事情因為年紀的增長而不同，但重點都只有二個字「執行」。執行有多重要？我們都是自己人生的執行長，如果有執行力，任何事都有機會做出成績，但若光說不練，就算是在天堂也會跌入地獄，人生是靠一連串執行，成就出價值。

希望小學的工作是日復一日的，小孩要進步並沒有想像中的快，各種方案的改革，最少也要一到兩個學期才能看得見成效，常聽教育界的人說：「教育對大家來說都認為是國家社會最重要的議題，但這個議題卻時常無法被認真的關注，因為要做到有成效真是太慢了。」聽了這種說法並不意外，因為我們大家人生中也常常把時間花在「很緊急但不重要」的事情上，對於相對不緊急卻很重要的事，原以為還有大把的時間可以處理，到頭來卻是一事無成。所以要執行，要先搞清楚輕重緩急。

從有這個念頭想出這本書，到實際看到這本書，前後竟然也有了兩年的時間，一方面是對於書的定位百般思索，希望不僅分享孩子的生命故事，實際上要能真正將十多年來希望小學在第一線工作的心得整理出來，變成一本更有用途的類工具書，讓許多從事相關工作的朋友可以參考，也或許父母看了後在面對自己的孩子時可以有些啟發；二方面是因為要集結這麼多真實案例，去蕪存菁，的確是花了不少時間。所以說「執行力」真的是太重要了，堅持要做，排除萬難的做，真的要謝謝很多人在這段過程中認真執行，才能讓這本書順利問世。

很多人不了解永齡・鴻海台灣希望小學，會詢問這是個什麼樣的小學，其實這並不是一所實體小學，而是深入各個地方小學的課後輔導班，主要對象是幫助弱勢學童。我們與全台灣的大學，NGO有社工及教育專長等科系合作，以責任區域的方式設立永齡・鴻海台灣希望小學各地分校，再由這些分校在其責任區找尋需要並且能配合的小學開設國文、英文、數學的課輔班。為何這本書叫《不只是陪伴》，因為除了陪著孩子以外，永齡・鴻海台灣希望小學自行開發更具教育前瞻性的教材，除了課輔老師，也建立了全省最完整的社工團隊，以社工、課輔雙軌的方式達成拉回低成就孩子的目標，重建他們對人生的自信心，這些一步一腳印的努力，十多年來靠得就是默默的執行與堅持。要謝謝所有在此計劃中的老師，孩子們，因為你們讓這個計劃變得有意義，也希望經由這本書，讓更多的朋友能夠由書中的內容受惠。

永齡慈善暨教育基金會執行長

Contents

第一章

讓家撐起孩子的夢想

幫助失能家庭中的孩子找到依靠

VOL.01

清秀臉龐下的不安

沉默的攸攸，與世隔絕的孩子

攸攸像是教室間的客人，
定時出現但是卻是無聲無息的，
她不吵不鬧、也不說話，沉默，是她的風格。
宛如與世隔絕的這個女孩，
非常容易讓人忽略她的存在。

外型清秀但眼神總是無法與人接觸的攸攸，是位極度安靜，但讓老師備受挫折的學生。在課堂上總是默默地坐著，似乎不需給予太多的叮嚀，但在老師教導課業時，依然沉默不語，對於老師的提問是沒有反應的，因此老師也無法評估她的學習狀況。

社工進到教室跟攸攸的接觸，僅能慢慢接近，以密集的校訪與特別撥出與她相處的時間，經過近一年的努力，他的眼神才敢與社工接觸……臉上的笑容也多了一些，關係看似建立起來了，但是學習狀況仍然緩慢，每一個單元幾乎都卡關，原本與她程度相去不遠的學童都往前進了好幾大步，而攸攸卻仍在原地打轉。

在家裡遊走卻無聲的小孩

媽媽的突然離家對攸攸來說是個重大的打擊，媽媽一夕間就不見了，在家裡也不能問：「媽媽在哪裡？」任何跟媽媽有關的事情也不能提起，總之「媽媽」就消失在女孩的世界了，女孩只好什麼都不說。

社工幾次的家訪後發現，爸爸對攸攸明顯缺少關心，下班回到家後即沉迷於手遊，對於她的一舉一動莫不關心，家中的互動幾乎是零，彼此的零交流增添了許多陌生感，而這陌生感在家中是如此自然，連阿公、阿嬤也不覺得有異，只是覺得孩子內向了點，平常話不多，就是這樣的一個孩子，並不需要特別多關心。

我們這樣陪伴孩子

由於攸攸的沉默，讓身旁的人很難了解她的想法，她像是課室間的客人，雖然定時的出現但總是無聲無息的，她不吵也不鬧也不發言，非常容易讓人忽略她的存在。或許是這樣的行為模式久了，攸攸也習慣了，與人不善言語，像是空氣般的存在，對於主動關心她的人更是下意識的後退好幾步，對人似乎充滿了不信任感，漸漸地身旁願意跟她說話的人愈來愈少了……。

運用繪畫與學童連結並且協助分享

社工看見攸攸的不語，連基本的眼神接觸都閃爍不定，經團隊討論採用畫圖來成為交流的媒介。社工於校訪時開始藉由共同繪畫希望讓攸攸透過圖像表達與分享，但卻畫不出來……當時的她眼神專注在畫紙上卻下不了筆，社工只好先示範再接著讓攸攸照著畫，希望讓她可以完成一幅畫，透過這樣的互動拉近彼此的距離。

幾次下來，攸攸逐漸熟悉這樣的互動模式，開始自己可以畫得出圖畫了，我們相信這是改變的開始，幾次下來後社工邀請其他同儕一起畫畫，讓她有更多的參考元素，同時拉近她與同儕的距離。攸攸剛開始一如往常的安靜、觀察……於是，社工先讓其他同儕分享圖畫的畫面，在逐漸熟悉後，引導她試著分享自己的圖畫，剛開始攸攸依然沉默，社工當下不強迫她表達，改著帶領全班一起跑操場，一起探索校園，共同分享校園裡最喜歡的角落，以更能了解她的內在想法，加以引導出適度的表達。

而她的分享總是停留在校園邊的涼亭、學校後門的角落，社工心想在攸攸心理的角落某一處或是個讓她覺得安心、可以放鬆的地方？但是，那是一個怎樣的地方呢？因此，社工藉由讓攸攸不斷地練習說話，在說不出來的時候，引導她轉化成圖畫，把當時想表達的藉由圖畫來說。經過近一年的努力，攸攸總算可以用三到五句話分享自己的圖畫，並說出喜歡校園一角的原因了。

提供學習與表現的舞台

在社工與課輔老師共同討論攸攸的狀況後，老師在教導課業時為了讓她有表達的機會，採用讓學童輪流上台解題的方式，藉由同儕共學帶動她的學習動力，當攸攸沉默地站在台上時，老師先給予提示，再帶領著她一起解題，過程中不斷地給予鼓勵；成功解題後立即給予正向讚美，肯定其學習，以增強學習的信心，並讓她練習上台與表達。經過一學期的時間，攸攸在課堂上的眼神不再閃爍不定，並可以自行解題，學習成就也默默地累積中。

同時透過課輔老師特別挑選的繪本內容，建立安全感，並藉由學習中的分享讓她可以跟同儕找到共通點，進而建構安全、友善的學習環境，也安排直笛表演活動提供上台的機會，讓攸攸不再躲在角落，融入在團體當中。

與導師密切聯繫、落實陪伴制度

社工主動跟白天的班級導師探討攸攸日後每個階段的學習目標與行為表現觀察，針對學科中的學習迷思與人際互動共同擬定一致性的做法，如：調整座位，讓願意與攸攸親近且樂於協助的學童來陪伴她。在她保持沉默時，允許她有一段思考的時間，不急著督促她要說話，讓攸攸感受到「被理解」，願意放下自己的不安而信任師長。

在永齡課輔時間，社工採用了同儕影響法並安排了班上一位開朗、熱心助人的樂樂來坐在攸攸旁。首先詢問樂樂的意願，並討論快樂和分享的意涵，社工和樂樂共同針對攸攸目前所需的安全感與樂樂可以協助的部分擬出一份「陪伴執行單」，並跟樂樂約定好在陪伴的過程若遇到困難可跟社工討論，且對於跟攸攸相關的私人小祕密不可隨意跟其他人說，因此擬訂了：

一.在攸攸沉默時主動關心。
二.下課時間多陪伴在攸攸身旁。
三.同學聊天時帶著攸攸一起參與。
四.永齡課輔時間主動協助攸攸學習。

剛開始執行時攸攸是不自在的，還是會有眼神閃爍不定、沉默不語的狀況，不過她沒有逃避，在社工、老師的協助下，逐漸地感受到身旁的人對她的關心，而這份關心是讓她重拾回安全感的，對於樂樂的陪伴攸攸也逐漸融入同儕中，現在的她跟同學之間的互動次數變多了，也能適度表達出自己的選擇，雖然常常僅是短短的「好」、「不好」、「要」、「不要」，但是眼前這位女孩不再不語，對於老師指定的習寫內容也可以完成了，現在攸攸跟同儕聊天時可以說出句子，跟社工聊天也願意分享在家裡的狀況；學習上持續進步中，眼神不再閃爍不定，而是露出好奇，似乎訴說著：「我準備好了，對於生活中事物，我想用好奇的眼光來探索和學習。」

當感受到學伴的關心，攸攸開始有了安全感。

—— 攸攸的需求診斷結果 ——

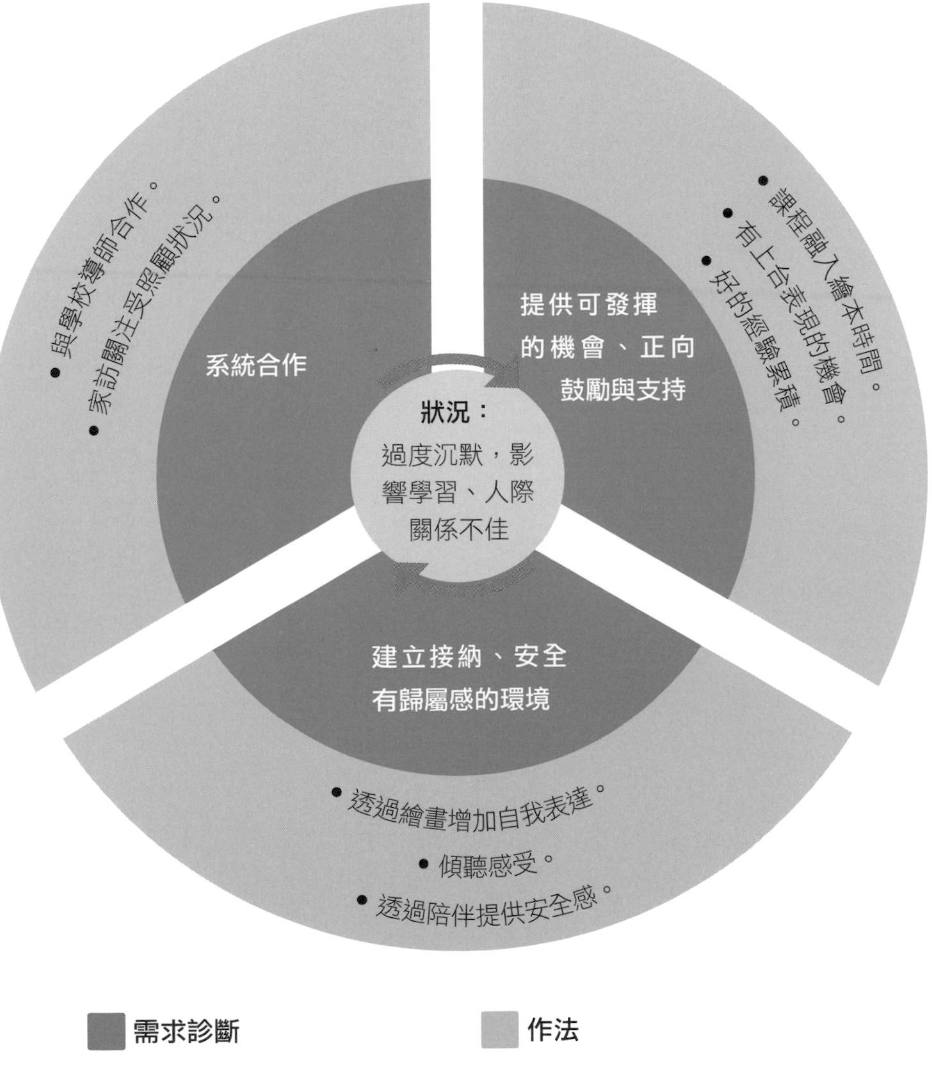
狀況：
過度沉默，影響學習、人際關係不佳
系統合作
提供可發揮的機會、正向鼓勵與支持
建立接納、安全有歸屬感的環境
• 與學校導師合作。
• 家訪關注受照顧狀況。
• 課程融入繪本時間。
• 有上台表現的機會。
• 好的經驗累積。
• 透過繪畫增加自我表達。
• 傾聽感受。
• 透過陪伴提供安全感。
需求診斷
作法

VOL.02

逆境中依然努力的孩子

圓圓的「慢」步調，需要被理解

在學校已經要面對同儕排擠壓力的圓圓，
在面對媽媽飽受疾病的侵襲，
看到媽媽化療後身體上的痛、心裡的苦……
懂事的她，強忍住心中的不安，
依然努力向前，想要跨越學習的重重關卡、
希望自己可以成為能讓媽媽依靠的人。

教室裡，有個孩子與人目光接觸的時候總會低下頭來，表現出害羞的樣子，那是圓圓。

因為反應慢、身材圓潤的她，遇到喜歡捉弄人的同學，總是成為被取笑的人。同學常常說出相關語，暗指她的身材肥胖、反應慢。在進行活動分組時，只會趁機揶揄，當她學習進步受到老師的讚美時，也會受到同學忌妒的眼光，甚至趁機「不小心」推撞她。而善良的圓圓總是默默地承受這一切，為的是能夠有機會可以跟同學一起聊天、玩耍，但卻總是一次又一次地被邊緣化，長久下來圓圓更沉默了……在學校總像是個獨行俠，常常要調適自己的心情去轉化受到排擠的低落情緒。

貼心的圓圓回到家裡，總是安靜地幫忙做些簡單家務，當媽媽關心的詢問學校生活時，為了不想讓媽媽擔心，總是回答著：「很好，在學校很開心！」因為家裡每月的收入是靠著媽媽一人撐起，仰賴著自營早餐攤把四位孩子拉拔長大，圓圓看著媽媽不停地工作，深感媽媽的辛苦，就算自己受到同學的欺負，跟媽媽的辛苦比起來，好像也沒那麼辛苦了。

慢，不是故意的，需要被理解

在學習上，由於圓圓反應理解慢，常常需要更多的時間反覆練習，才能勉強達到低標，加上回到家後沒有人可以協助，因此學習成效不佳，但是她仍努力不懈地學習。圓圓在就讀三年級時即進入永齡課輔，透過不一樣的學習方式與社工、課輔老師的鼓勵，漸漸地建立起一點點的自信，雖然跟人說話時目光還是會不自覺地往下，但她小小的心靈知道唯有好好的學習，才能讓她的人生有一點改變，圓圓想要長大後可以好好的照顧媽媽，不要讓媽媽再那麼辛苦了。

不過圓圓的「慢」卻是學習路上一個大關卡，老師需要花較多的時間來教導，同時透過不斷練習與提醒，才能往前前進一小步，而跨越下一步卻也需要很多的時間，這樣的步調成為同儕的笑柄，認為圓圓真的好慢：說話慢、動作慢、學習慢……。

在同儕不理解的狀況下，圓圓被認為是一個做什麼事情都很慢的人，因此很多時候根本來不及表達意見，結果就被安排好了。曾經在一次活動排練時，同學刻意排擠不跟她同一組，為的是要看她出糗，那時圓圓忍不住掉下眼淚，那是怪自己不夠好的眼淚，似乎是自己的「慢」無法讓同儕理解，很多時候被誤解成「笨」，卻也一時說不清，這樣的反覆循環。「笨」就成了圓圓的代名詞，而她那好不容易一點一滴建立起來的自信，在瞬間被毫無保留地擊潰，圓圓的頭愈來愈低了……。

突發的意外，讓家陷入困境

就在孩子一天一天成長時，她的媽媽卻面臨癌症的侵襲，在生命與生活的狹縫中，一家面臨了維護媽媽健康與生活經濟壓力的雙面挑戰。當時的她仍然準時來上課，但是眼神總是不安。當社工、老師給予關心時總是眼眶泛淚，內心的擔心卻無法用言語表達，一方面心疼媽媽化療後產生的副作用，二方面也因為媽媽治療後的副作用明顯讓媽媽食欲不振、反胃噁心隨時會嘔吐，終致無法擺攤賣早餐，家中的經濟陷入困境。

我們這樣陪伴孩子

圓圓的「慢」不被理解，因此常受到同儕的排擠，長期下來自信心逐漸低落，導致看不到自己的「好」。一次的活動分組中圓圓忍不住落淚，除了安慰低落情緒的她之外，也讓我們思考該如何讓同儕理解圓圓的「慢」不是故意。同時，也替因為媽媽生病而讓整個家庭經濟陷入困境的狀況想方設法。

營造安全與溫暖的環境

在課堂中老師運用正向獎勵制度，鼓勵圓圓多表達與分享想法，增進表達力。同時以「自像畫」活動，讓同學看到自己與別人眼中的自己，認識彼此的不一樣，透過分享喜歡、不喜歡來互相理解。

接著進行「踩數字」的遊戲，藉由這個需要團隊合作的遊戲，大家必須手牽手並踩著地上由小而大的數字前進的競賽遊戲，讓圓圓跟同儕能在最短時間了解彼此。此時的她與同儕牽著手臉上掛著笑容，努力地踏出每一步，在圓圓停下來的時候，小隊同儕也停下來等待，而不是以催促、噓聲來表達對「慢」的不滿，而是理解的等待和鼓勵。

再透過「價值觀大拍賣」遊戲，促進同儕之間的彼此理解，發現原來每個人重視的事情如此的不一樣，學習尊重彼此的不一樣。而此刻的圓圓，選了「有一群好朋友」。我們也與學校導師分享她在遊戲中的選擇，希望適時的給予關心，讓她感受身邊有人是關心她的。

連結經濟資源緩減經濟壓力

針對媽媽的病況，我們連結相關資源（弱勢兒少經濟補助）協助申請經濟補助，以維持基本的家庭需求，並且以密集的家訪了解媽媽的身體治療狀況，傾聽生病期間的心情，讓媽媽可以安心的接受治療，這樣圓圓的心裡才會感到媽媽還在，減緩對媽媽的擔心。

創造正向的生活經驗

此外，圓圓還需要的是更多正向的生活經驗。透過永齡基金會提供「飛上雲霄——香港體驗活動」這個與香港航空合作的體驗計畫，讓永齡學童有機會搭乘飛機探索不一樣的世界，增進永齡學童更豐富的生活經驗，促進正向自我肯定的活動。活動內容安排了：香港迪士尼之旅、前往香港航空公司總部認識機師與空服員培訓制度、模擬艙體驗、到香港國際機場參觀出入境與停機坪，認識機場運用與各大航空公司機型等。

圓圓體驗了駕駛飛機的樂趣，欣賞了不同的城市風貌，這對她來說是個從來不敢妄想的機會，原本總是默默躲在人群後的她，打從心裡不曾想過自己能夠有搭上飛機的一天，並且能夠獲得體驗駕駛飛機、暢遊迪士尼樂園的機會。在香港的每一刻圓圓總是睜大眼睛，不想錯過每一分、每一秒，因為這是探索世界的難得機會，所以她用盡力氣享受這快樂且充滿新奇的時光，透過這次體驗打開學生的眼界與視野，也壯大了孩子的心胸與勇氣。在回家的途中，圓圓甚至還不捨地哭了。

落實學伴制度，增加圓圓練習的機會

在學習方面，我們安排了學伴陪伴圓圓學習，除了讓她逐漸融入同儕之外，透過同儕的陪伴，增進彼此理解的機會，在需要等待時，能夠一起停下來，讓學伴帶著她一起完成老師派與的任務，讓更多的同儕看到圓圓的努力而願意跟她說說話、一起玩耍，讓圓圓覺得自己被接納，建構安定感後再投入學習，以提升學習成就。

— 圓圓的需求診斷結果 —

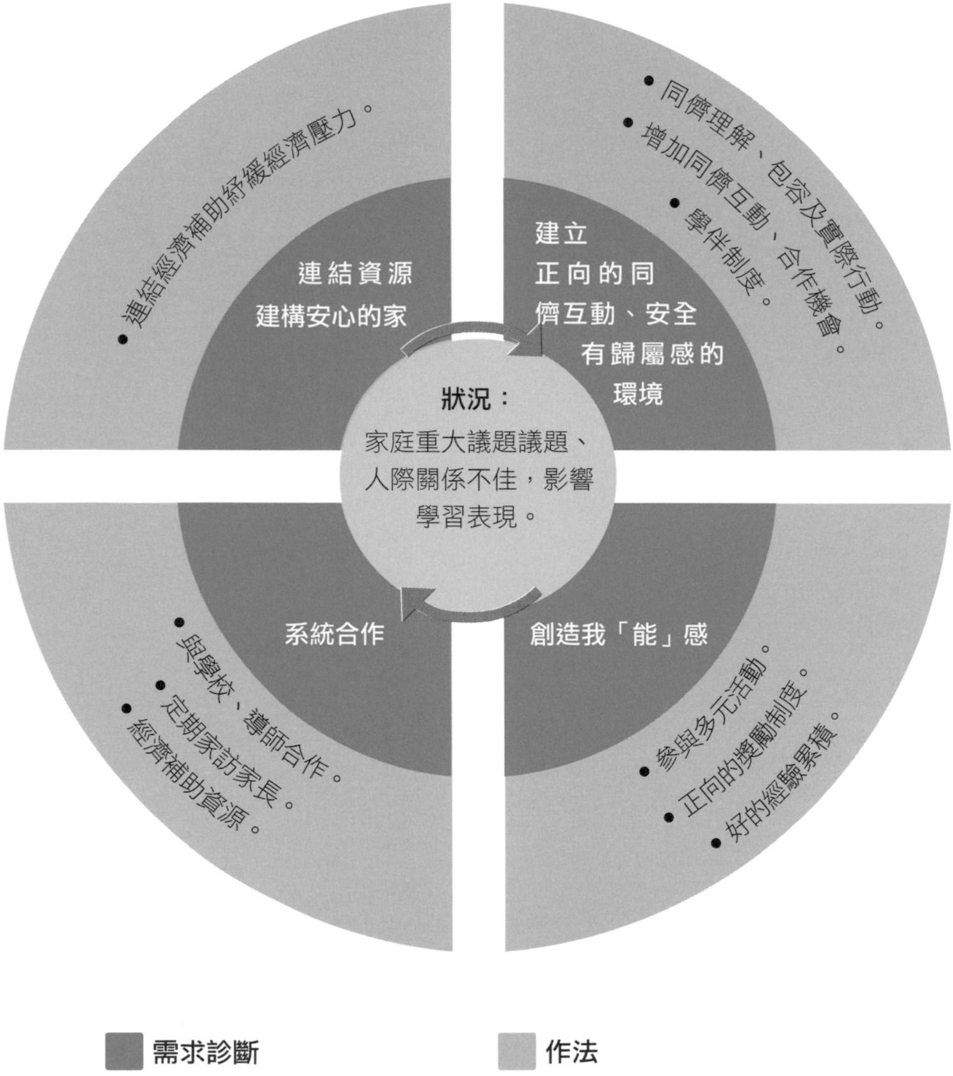
狀況：
家庭重大議題議題、人際關係不佳，影響學習表現。
連結資源
建構安心的家
• 連結經濟補助紓緩經濟壓力。
建立正向的同儕互動、安全有歸屬感的環境
• 同儕理解、包容及實際行動。
• 增加同儕互動、合作機會。
• 學伴制度。
系統合作
• 與學校、導師合作。
• 定期家訪家長。
• 經濟補助資源。
創造我「能」感
• 參與多元活動。
• 正向的獎勵制度。
• 好的經驗累積。
需求診斷
作法

VOL.03

掀起風的力量，可以很微小

阿宇，不再逃避，重拾自信

一通來自課輔老師焦急的電話……

阿宇，又沒來上課了！

即便父親帶著走進校門，他也總是有辦法從學校輕巧開溜，逃學、逃家，對他來說是家常便飯。

期盼阿宇正常出席，是一種奢求。

那一次和阿宇交手，是一通課輔老師焦急孩子沒來上課的電話。

個案紀錄裡，這個頻繁逃學、逃家的孩子，有一個五年級的姐姐，一個二年級的妹妹，父母離異，由待業中的父親監護。阿宇換過幾次導師，逃課已持續一年之久，即便父親帶著他走進校門，但只要有離開的機會，他總能避開教師的視線，輕巧開溜，讓正常出席成為一種奢求。

面對混亂，只能衝撞與躲避

阿宇一家四口住在學區外，郊區小路旁的一間簡單三合院裡，他的父親身型瘦小、皮膚黝黑，外表看起來比實際年齡蒼老許多。母親是外籍配偶，離婚後在洗薑工廠工作，雖然會經常探視孩子，但也許是語言的隔閡，不太開口說話。

阿宇的爸爸對社工與老師的態度和善親切，但伴著他身上輕輕飄出的酒味，不難嗅到那種對生活濃濃的無力感。他對孩子逃課的行為習以為常，自認無法管教，也從沒來過電話關心孩子的去向。

阿宇個子不高，但動作敏捷，那天我沿著課輔教室向外搜尋他的蹤影，最後在通往頂樓的樓梯間發現他。他只是安靜地坐在那裡，不打擾誰，也不希望被誰打擾，他環繞自己挖出一條深不見底的護城河，拒絕一切探問與關心。從那雙靈動的眼睛裡，我讀到的困惑、怒氣與或大或小的傷痕，都被他隱蔽不想被發現。「等待」成為當下，我唯一能做好的事。必須阿宇願意開始，我們的對話才會出現意義，我坐在距離他三格的階梯上，吸引他用好奇敲破這樣的沉默。

和孩子建立一個「特別」的關係

阿宇是個不願學但資質不錯的孩子，他的天份完全足夠感受我的善意。

「你來幹嘛？」阿宇說。

「我來等你。」

「幹嘛等我？我不想上永齡。」

「那你想做什麼？」我問。

「我不知道。」

「不然陪我走走吧，去看看其他人在做什麼。」

「你想騙我進教室！」

「不，我今天的工作是巡完這四個班，不僅看你們，還得看看課輔老師，有沒有需要幫忙的地方。如果你有興趣的話，可以跟著我到其它班去看一看，這可是只有社工老師和督導才有的權利喔！怎麼樣？」我對他使了個這個機會真的超難得的眼色。大概是「專屬」、「特別」這種閃閃發光的字眼，動搖了他的護城山河。我和阿宇走完四個課輔班，將近放學時間，回到教室收拾鬆垮垮、沒裝什麼東西的書包，然後一起到大門接送區，等著其他孩子離開，等著父親不疾不徐地出現。

我們這樣陪伴孩子

之後，持續追蹤了阿宇的出席，與導師密切的保持聯繫，也透過學校窗口得知，去年度社會處已介入服務，並針對主要照顧者失業，獨自扶養三個孩子的狀況，發給低收證明。但這家庭可用的資金還是稀薄得很，爸爸已借光所有的鄰居及親戚，花費無度的開銷，失去了親友的信任，也連帶影響孩子生活。

我們整理了阿宇的服務紀錄，邀請社諮委員一同進行個案研討，想想在這樣的狀況之下，我們還能多做些什麼？怎樣的陪伴姿態，可以讓孩子走過重重的關卡，梳理那些太複雜的情緒，讓改變醞釀、發芽、移轉，帶一點點真正的自信與希望進來。

創造屬於孩子的舞台

為了吸引阿宇的目光，我們不急著補救課業，但想辦法讓孩子重新回到課堂中學習，讓持續而穩定的陪伴，成為動力的潤滑油，讓他有機會享受掌聲，享受成長，享受發現生命裡或大或小的種種美好。然而，大人得耐住性子，專心在陪伴上然後「等」，等待有機會引導他看看那些不一樣的結果。

社工專員密集巡校，為了阿宇開闢「特別的」談話時間，釋放「我在乎你、願意聽你、等你、尊重你」的訊息，這樣幾次的談話中，我們意外得知阿宇對加入田徑隊非常有興趣，便藉此與他約定，若出席穩定，便向恰巧熟識的田徑隊教練推薦他。

融入多元且生活化的教學

與課輔老師討論調整上課的模式，在數學及英語的補救教學裡，加入了許多生活化的例子與動手做的課程，降低銜接難度並吸引阿宇加入。比如利用廣告傳單，練習三個數的加減與混合計算；借用多彩的扣條教具，讓孩子分組競賽，組合多種三角形，從遊戲裡發現數學規則；英語教師除了基本課堂使用的字卡之外，還讓孩子做了名片大小的單字背誦卡，轉換撲克牌遊戲，變成簡單又不失刺激的教學活動。拿掉大部分的紙本解題，改由活動檢核或將解題媒材替換成小白板、A4紙張，又或是神聖的黑板空間。

除了各自上課的時間，兩位老師緊密地相互聯繫，使得再微小的消息，都能即時的被增強或削弱。也運用月檢測後選幹部的榮譽辦法，技巧性地讓阿宇選上副班長，成為班級優秀的焦點，這招也成功對應喜歡「特別專屬權利」的阿宇胃口。

給予穩定的陪伴與理解

好不容易，我們都感覺到他捧著課本的雙手有了善意，面對像阿宇這樣的孩子，我們要做的其實很簡單，但也很困難，那就是：陪伴、理解、找到亮點並創造屬於他的舞台，只要孩子找到自信，成長會被自然地帶進來；花不了什麼錢，但需要花掉大量的時間。

阿宇是真的踩著節奏前進了，既使他的腳步極輕，位移的痕跡也極短，但我們為每個細微的進步喝采，成為懂他的觀眾。我們始終相信，只要阿宇願意堅持這樣0.01的微小振翅，在紛擾的混沌中，也能掀起德克薩斯州一場漂亮的龍捲風。

在教育這條路上，我們發現孩子們要的不多，正如德國教育學家福祿貝爾（Friedrich Wilhelm August Fröbel）所說的：「教育之道無他，唯愛與榜樣。」永齡關注孩子在學習裡脫隊的理由，以穩定而溫暖的輔導系統，陪伴孩子走過瓶頸、整理矛盾、削減衝突，創造得以發光的舞台，並為任何零星的努力專注鼓掌。

我們相信只要孩子經歷過成功，這種美好的感覺就會被身體記住，儲備改變時無比燦爛的能量。我們明白學習不會一蹴可幾，所以踩穩基礎後，便不斷修正鷹架的高度；我們不求一躍而上的漂亮成績，但上樓的階梯必定會在那裡發光，吸引孩子爬上去感受風拂過臉的溫度。

— 阿宇的需求診斷結果 —

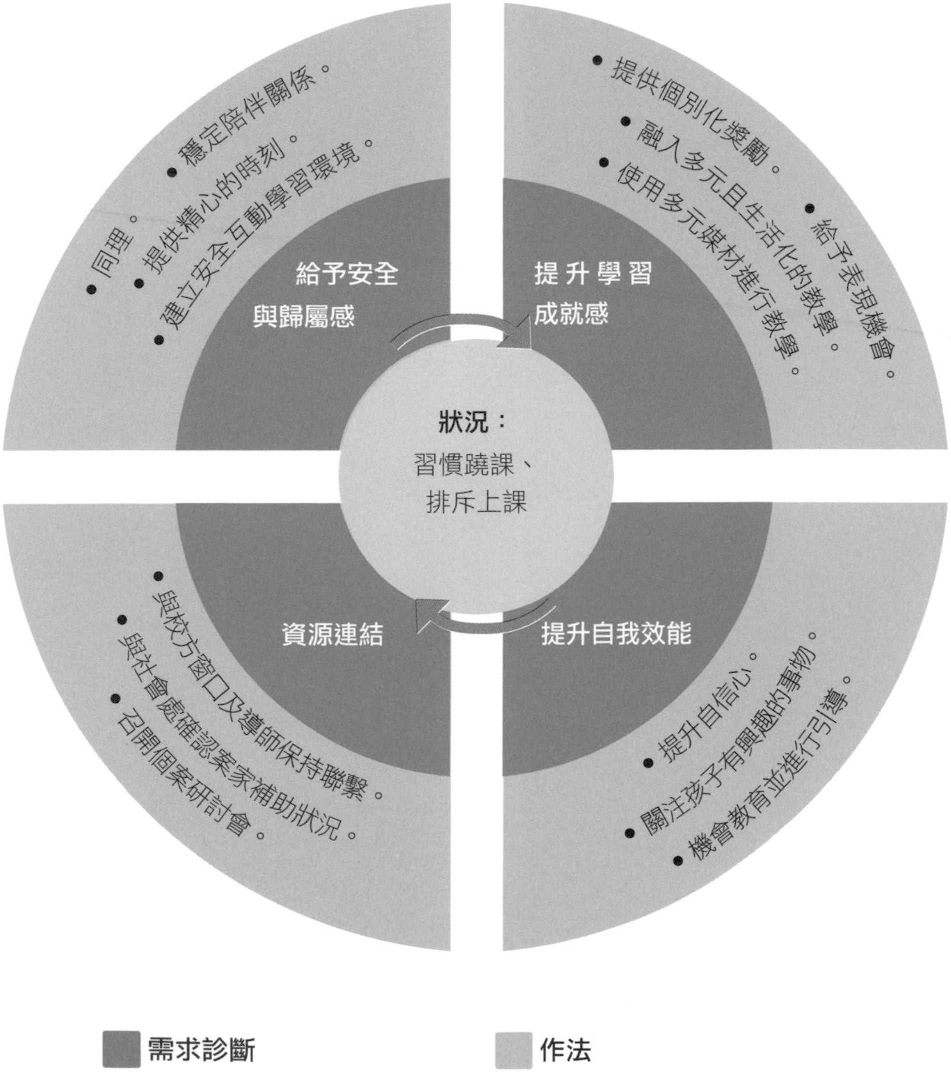
狀況：
習慣蹺課、
排斥上課
給予安全
與歸屬感
●同理。
●提供精心的時刻。
●穩定陪伴關係。
●建立安全互動學習環境。
提升學習
成就感
●提供個別化獎勵。
●融入多元且生活化的教學。
●使用多元媒材進行教學。
●給予表現機會。
資源連結
●與校方窗口及導師保持聯繫。
●與社會處確認案家補助狀況。
●召開個案研討會。
提升自我效能
●提升自信心。
●關注孩子有興趣的事物。
●機會教育並進行引導。
需求診斷
作法

VOL.04

想飛上青天的小蜻蜓

小築，因為愛有了勇氣飛翔

學校窗口老師說：「拜託一定要收留這個孩子！」

名單上的小築，是希望小學已經結案許久的舊生。

當初舅媽希望小築放學後能直接返家，照顧她的孩子們，而堅持讓他結案。

他怎麼回來了？

他家發生了什麼事？

小築離開希望小學結案已經有一陣子了，幾個學期過後，舅舅與舅媽離異，舅媽離家出走，留下多名年幼子女，他的家庭狀況及學習問題受學校高度關注，因此希望小築能重返希望小學挽救嚴重落後的課業，校方期盼我們務必要再幫幫他一回。

小築是隔代教養的孩子，由外婆照顧，生父已歿，生母正入獄服刑，家中經濟仰賴舅舅打零工，薪水不穩定，且舅舅家庭亦為單親，需獨自養育五個孩子。一份不穩定的薪水卻要養家中六個孩子和兩個大人，經濟窘迫。日前因為沒錢繳房租，夜半被房東趕出去，連換季換洗衣物都來不及多帶，目前一家八口擠在離學校有一大段距離的眷村小平房中生活，家徒四壁，三餐不繼。外婆的機車壞了許久沒錢修，所以無法送小築上學，導致上學的出席狀況不穩定。

家中也因為沒錢，所以外婆沒有手機可以聯絡，社工要跟外婆聯繫最直接的方法就是直接去小築家拜訪，他家也成為社工最常造訪的地方。小築似乎也因為家中的狀況顯得心事重重，有點自卑，不喜歡和人群接觸。

還記得，暑假課輔時天氣炎熱，教室像個悶燒鍋一樣，小築身上的汗是濕了又乾，乾了又濕，難免有異味，小築家因為當初急著搬家，來不及帶走所有衣物，家中沒有多餘的衣服可以替換，導致異味橫生而遭到同學們排擠嘲笑，導致小築的處境更為辛苦。

我們這樣陪伴孩子

因為舅舅的一份薪水要養活八口人，經濟吃緊，生活清苦，三餐無法溫飽。我們向外婆確認家中的政府經濟補助項目是否都申請了，有無社工協助？並提供相關補助資訊供外婆參考。

同時，協助向學校申請相關補助，希望能減輕家中經濟負擔。此外，到了暑假，常見小築餓著肚子來到學校，社工非常心疼，於是突破困難，透過基金會串聯資源支持，並走訪學校附近之早餐店，終於在早餐店也願意協助的狀況下，建構社區資源一同合作，提供免費早餐及午餐給小築，滿足他的生理需求，孩子，終於不用餓著肚子學習！

增強自立自主性（Empower），學習照顧家庭

外婆一人要照顧六名小孩，體力、能力有限，而小築是家中最大的孩子。於是，社工透過讓小築了解外婆年紀大了，有時候也需要他的協助，希望他能學會照顧好自己，也能主動幫忙家務，盡量多幫忙照顧弟妹們，以減輕外婆的負擔。同時，引導他去思考哪些事情是他可以做的，例如：洗完澡後把衣服丟到洗衣機、吃完飯後把餐盤收好、打掃家裡維持環境整潔、關心弟妹的功課等等，讓他學習如何用自己的力量照顧家庭。

同理處境，協助募集舊衣物

社工關心小築的身體清潔狀況，我們同理與了解小築生活自理情形，身體異味是來自清潔問題嗎？是沒洗澡還是沒洗衣服？還是，根本沒衣服換洗？發現，

原來因為小築家當初被房東趕出來時，來不及帶走足夠的衣物，導致換洗衣物不夠。雖然確認了小築能夠自己洗澡、換上乾淨衣物，也有每天洗衣服晾衣服，不過，發現如果遇到天氣不好時，衣服可能還沒乾，但因為沒多餘的衣服可以換穿，所以小築還是要從曬衣架上拿下沒乾的衣服來穿上，沒乾的衣服可能本身就有潮濕的味道，加上教室溫度一高味道就跑出來了。

社工先提供給小築乾淨的新毛巾讓他流汗時可以擦乾身體，以免有異味產生。同時，看到小築對衣物的需求，問過孩子的喜好及可能的需求後，著手向身邊親朋好友募集尺寸適合的舊衣物給他，還記得小築拿到一整大袋滿滿的衣服，眼裡迸出的光，那種喜出望外既高興又不敢太明顯的神色，用著他一貫靦腆微笑的表情向我道謝，我深刻感受到孩子立即的需求被解決。

關懷會談，建立孩子人際互動能力

觀察小築重回希望小學之後，他情緒時常低落、心事重重、常常把想法情緒都壓抑埋在心底，幾次跟小築談話的經驗發現，他常有不知該怎麼說，所以乾脆都不說的狀況，孩子因為長期沒有人關心他的想法，沒有人願意等待，願意認真傾聽他的聲音，久而久之覺得沒必要說，反正也沒人會聽、沒人會懂的感覺。

我知道，小築需要更多的時間才能重啟心門，剛開始找他談話時，他總是站得直挺挺地神情緊繃戰戰兢兢，為了不讓他覺得社工老師找他一定有什麼事，所以總是用輕鬆自然的態度跟他聊天，有時候也真的只是閒聊，純粹讓他知道我們一直很關心他，持續提供安全溫暖接納的開放環境後，漸漸地，他不再只是點頭搖頭的回應，慢慢地會開始用簡短隻字片語回應，現在常常已經能夠用正常音量完整表達想法了，表情也漸漸不再僵硬，我發現我跟他的相處愈來愈自然。

營造同理、尊重的班級氛圍

通常班上的排擠問題來自於班級氛圍，我們期待營造同理、包容的溫暖環境，教會學生們同理心及尊重他人的想法，老師透過活動努力營造我們是同一個班，是共同體，要團結要互相幫忙，遇到問題應該是一起想辦法解決，而不是只會謾罵恥笑跟批評，因為對改善事情沒有任何幫助，應該學會同理包容跟尊重他人的感受，並協助一起解決問題。

同時教導學生換位思考的重要性，並在班上有同學對小築釋出善意時，大力肯定及讚揚，讓這種氛圍可以在班上慢慢發酵，扭轉排擠的問題，變成包容友善的班級環境。在我們持續努力之下，課輔老師發現班上不再有明顯排擠的狀況，小築現在也比以前活潑有自信，上課敢主動舉手發表意見或是回答問題。

我們看到小築原本像隻在小溪流邊只敢低頭點水的小蜻蜓，現在因為愛而有勇氣振翅飛向青天。

—— 小築的需求診斷結果 ——

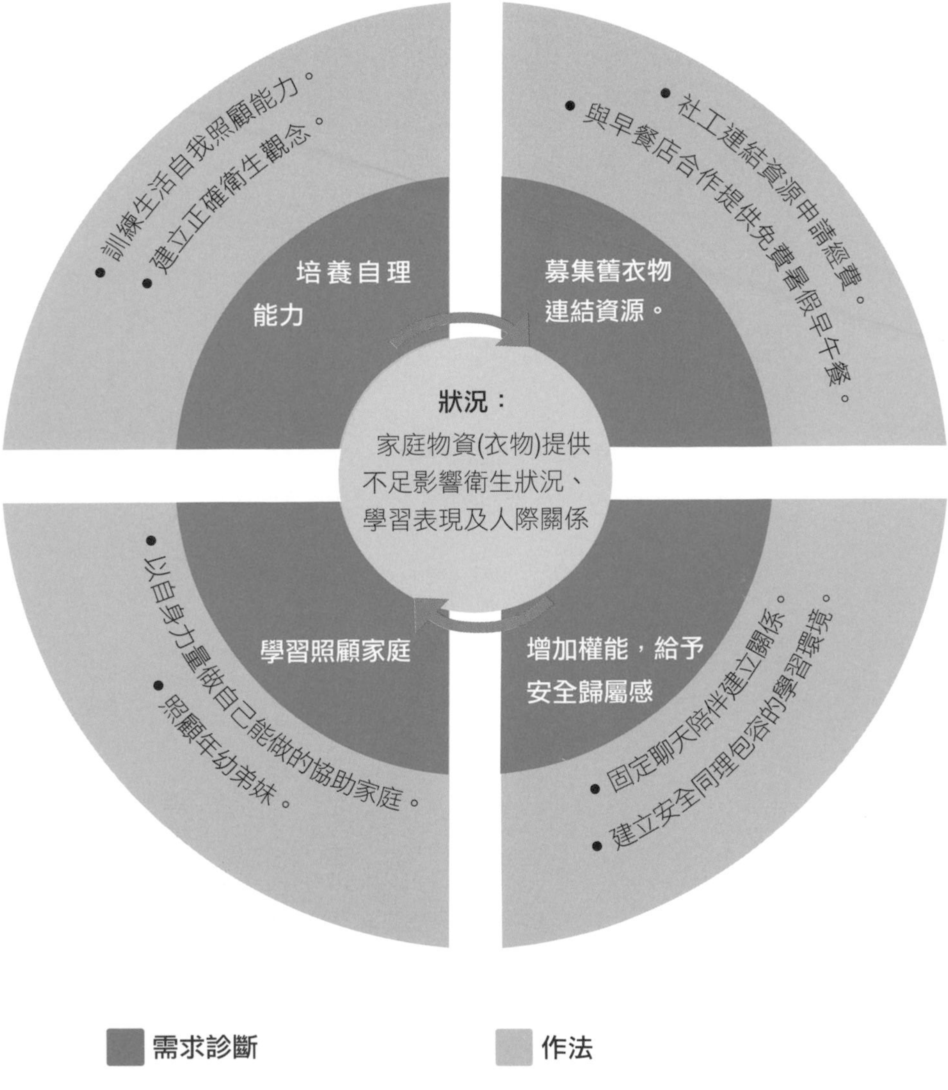

• 訓練生活自我照顧能力。
• 建立正確衛生觀念。
培養自理能力
• 社工連結資源申請經費。
• 與早餐店合作提供免費暑假早午餐。
募集舊衣物連結資源。
狀況：
家庭物資(衣物)提供不足影響衛生狀況、學習表現及人際關係
學習照顧家庭
• 以自身力量做自己能做的協助家庭。
• 照顧年幼弟妹。
增加權能，給予安全歸屬感
• 固定聊天陪伴建立關係。
• 建立安全同理包容的學習環境。
需求診斷
作法

VOL.05

在外遊蕩不回家的孩子

東東，暮色下的小身影

這裡是日治時代便設立，具有歷史人文背景的學校，
廣闊的校舍、日式風格禮堂、過往學生手植的大樹綠意盎然。
每天放學的鐘聲後、昏黃的暮色下，
經常能見到一個小小身影在校舍間徘徊，
即便是夜色將至路燈已逐漸點亮，
家長們叫著孩子回家吃飯，這小身影還是在那穿梭遊蕩……。

第一次與導師的會面，導師擔心的不是東東跟不上的程度。老師憂心的話語中訴說著——東東是個不愛回家的孩子。幾乎每天放學後都會在學校、附近道路上閒晃、遊玩到晚上的東東，讓導師不只是擔心課業是否完成，更憂心他的安全。

希望小學雖然是以學習輔助為主體，除教學主科目外，提供了更多增進孩子發展及接觸學習其它知識的環境；因為這樣的教學環境，使得導師希望東東這樣一個無歸屬感、無目標的孩子，能藉由希望小學的環境，使他的狀況能夠有所改善。

一顆渴望愛的寂寞心靈

我們聽完導師的說明，接手導師手上的報名表，開始進行與東東家第一次的接觸。

首次拜訪，開門的是位表達困難的長者——東東阿嬤。從阿嬤的表達及手寫的片段語句中，得知偏鄉社區間常見的處境：父母婚姻不幸福而分離，又因為經濟上的壓力離鄉背景出外工作，將年幼的東東交由鄉下的阿嬤照顧。

阿嬤擔起了照顧東東的重任拉拔他長大，但天不從人願，阿嬤罹患了口腔癌需接受治療，手術後病況雖得以控制，但體力已大不如前，也因開刀的關係導致語言表達有了困難。這讓東東在成長學習過程中失去很多語言上的刺激與溝通，成長中的資源不足導致與同年齡的孩子間有段不小的落差，也使得他在行為上也逐漸調皮起來。

怪不得東東不愛回家，我們心裡這樣想著。

和阿嬤的溝通困難，不是小小年紀的東東有辦法理解及改變的。東東自小缺乏學習的榜樣，阿嬤的表達方式也很難使他明白是非對錯，更在人際相處上處處碰壁，想尋求親人的安慰卻無法獲得更好的慰藉，漸漸的與「家」和「親人」有了疏離感。長期的疏離所帶來的寂寞，東東在放學的鐘聲後，選擇留在學校四處徘徊，因為在那裡至少有人可以跟他講話，在那裡有同儕可以陪他遊戲，在那裡可獲得目前的他最想得到的事情——歸屬感，與人交流以及有人陪伴。

我們這樣陪伴孩子

落後同學一大段的東東，即使在希望小學的課輔班中也很難跟得上腳步。專員和課輔老師集思廣益，想到可以從圖畫及繪本著手，從閱讀課中體會學的樂趣和成就感，再慢慢的導入國語、數學的課程。

多元活動中學習，建立孩子自信

東東的主責專員，曾參加自走車的程式教學培訓課程，將自走車課程特別安排在暑假中讓東東參與，從組裝、設計自走車程式到完成後的控制，透過專員親身的教導希望他能在手作當中，體會學習及完成的樂趣、增加自信，相信自己的能力提高學習的意願，發自內心的學習動機才是真正進步的關鍵。

在這些活動之後，漸漸地也能對主要的學科產生興趣；他不再是那個上課永遠漫不經心的學生，有時還能主動問起課輔老師如何解算問題，那充滿求知慾望的目光及自信的笑容，讓專員及學校老師感動不已。

學校、永齡與家長齊心協力

由於主要照顧者阿嬤有表達上的困難，東東在生活上一直欠缺直接的指導，造成和人相處中沒有界限，或是過度頑皮，也造成東東與同學的關係並不好，大家常覺得他就愛調皮搗蛋，令人討厭的討厭鬼。專員想到導師、課輔老師和自己可以在有限相處時間上，藉由提醒和柔性的堅持，慢慢的讓他理解人與人間的相處互動的適當方式，同時也盡力扮演他與同學間的潤滑劑，從一個班上的局外人變成可以和大家交流的東東。

連結社區合作，協助東東持續成長

專員與督導討論著扣除學校上學及永齡的課程時間，每個週末及假日東東還是會孤自一人的相處，考量到東東需要更多的刺激與機會投入人群團體，發展自身與他人相處的能力。於是，永齡與當地社區機構——「五味屋」合作。五味屋以孩子為中心，建構一個孩子願意來學習、一同工作的場所，在週末的時間一群孩子在工作人員及志工的帶領下，一同發想、一同工作。五味屋的名字取自於酸甜苦辣鹹的人生滋味，宗旨是希望小朋友在經營公益二手店的過程中，在工作到與客人應對等種種事務中，嘗到人生起伏與見到不同風景的機會，從而自我學習自我成長。

透過合適的評估及分析，專員能夠更有目標的與「五味屋」合作，幫助東東建立正確的社交方式。專員一開始先帶著東東一同在五味屋裡參與店務，陪伴他適應新的環境，協助認識五味屋的社工、志工，與東東建立關係。漸漸地東東能夠獨立的參與機構活動，五味屋也以累積點數的方式激勵他，東東可以使用點數換取他想要的物品，更重要的是他多次以點數換取參加五味屋的活動如：參與五味屋於台灣大學的活動、鯉魚潭划獨木舟……透過點數的累積慢慢改善東東學習的興趣，更培養了更多的技能。

經過一段時間後，東東的行為及社交技巧逐漸改善，加上五味屋給予了東東額外學習的機會，並在非上學時段照顧東東，原本擔心東東會在五味屋搗蛋的阿嬤，看到他的轉變亦逐漸放心地讓東東在週末假日參與五味屋活動。

東東一步步轉變，我們發現他天資不比其他人差，僅是缺乏一個契機，透過不同的方式、不同的角度來為東東設想、為東東擺脫困境。台灣有許多的孩子因為環境的問題，無法給予其適合的學習環境。東東就是一個例子，一個來自弱勢家庭的孩子，急需協助的孩子，社會中有許多這樣的孩子只是缺乏陪伴，他們在等待，等待願意陪伴他們的人，等待與他們一同成長的人。

—— 東東的需求診斷結果 ——

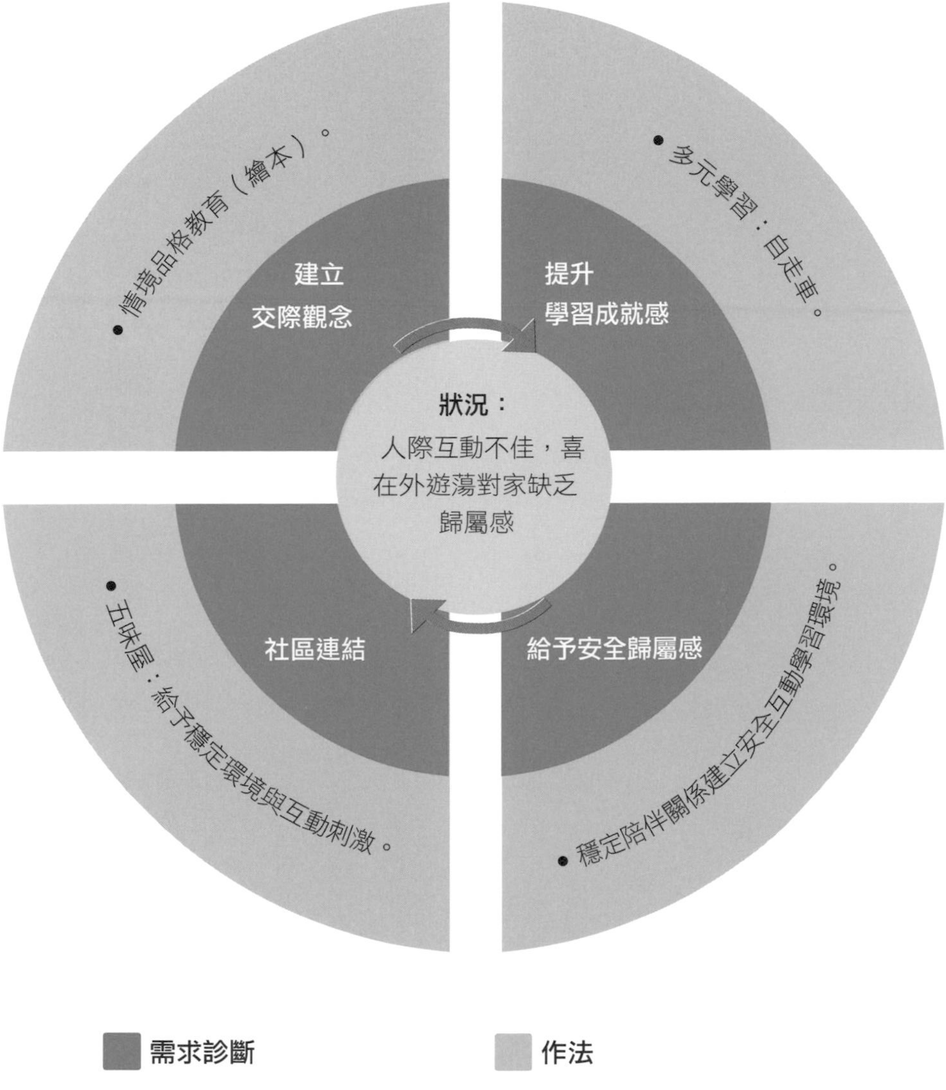
狀況：
人際互動不佳，喜在外遊蕩對家缺乏歸屬感
建立交際觀念
提升學習成就感
社區連結
給予安全歸屬感
• 情境品格教育（繪本）。
• 多元學習：自走車。
• 五味屋：給予穩定環境與互動刺激。
• 穩定陪伴關係建立安全互動學習環境。
需求診斷
作法

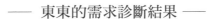

VOL.06

等待填滿的微薄希望

三餐無法溫飽的小旋

在台灣已經被稱為「富裕的寶島」數十年之後，
還是有很多孩子無法有穩定三餐，
這些對一般孩子來說是理所當然的事情，
對小旋來說，卻是一個沒辦法滿足的微小願望。

在台灣的某些角落，仍然有許多家庭為了三餐溫飽，必須耗費心力。在他們成長的過程中，貧困讓他們覺得相當缺乏安全感，也讓他們的人生籠罩在一片黑暗中。

傷心的大人傷心的家

小旋的父母在他幼年即離異，爾後再也沒有小旋媽媽的消息，小旋的爸爸始終無法走出失婚的痛苦，迄今許多年了仍然沉浸在悲傷的情緒裡，每日藉酒澆愁，漸漸養成了酗酒的習慣，由於悲傷情緒過於強烈，持續的時間也很長，導致主動地社交隔離，不與人交流（包括自我意識地摧毀、自尊的消弭、自我情緒調節困難等），除了對於工作和生活非常不利，也無法發揮照顧及陪伴小旋的角色。所以，學校及希望小學的社工都鼓勵小旋的爸爸需要自我調節，且有意識地去改變自己的情緒狀態，從悲傷中走出來。

小旋的爸爸是位臨時工，工作非常不穩定，每當爸爸沒工作在家，小旋總是膽戰心驚，早早就跟祖母上床睡覺，爸爸半夜喝酒醉時，會把他從睡夢中吵醒，不是對他身體實施傷害行為、就是叫他起來寫功課，白天三不五時也會不讓小旋去學校上課。學校跟爸爸溝通，爸爸說他只剩下小旋了，他在家的時間就需要看得到他才能安心，班導及學校經常苦口婆心規勸，祖母年邁也無力插手，小旋和爸爸的關係並不好，小小心靈只覺得爸爸只有在喝醉酒後才會管他。

小旋的主要照顧者是祖母，但祖母不識字，無力指導課業，希望透過希望小學的課輔協助小旋的課業。有好幾次課輔上課時間，爸爸在喝醉酒的情況下，到課輔班級吵鬧著要帶小旋回家，課輔老師會試著跟爸爸溝通，學校也有幾次報警處理，請爸爸回家等小旋。後來，照顧小旋的祖母漸漸年邁，行動也愈來愈不便，學校請鄰近的伯母代為照顧。

家不成家，何處是我家

小旋常一個人在街上遊蕩到天色暗了，直到家家戶戶燈火通明，聽到別人家中傳來的歡笑聲，聞聞家家戶戶不同的菜香，那是家的味道，也是小旋心裡的渴望。小旋每天能正常的吃飯的時間，就是在學校吃營養午餐，那是他唯一能大口大口肆無忌憚地吃的時候，孩子的期待很簡單，只要溫飽就夠了。

初次家訪時，看見體型瘦弱的小旋，心頭不禁一陣酸楚，長期缺乏營養的他，看上去健康狀況不佳，難以想像如此瘦小的孩子，究竟在他身上發生了什麼事？

我們這樣陪伴孩子

西方諺語說：「養一個孩子，需要全村的力量。」透過社區網絡，串連商家與街坊鄰居，我們希望讓每條巷弄、每個轉角，都有人即時提供孩子協助。

資源連結讓孩子三餐溫飽

我們與校方討論如何以現有的資源來解決孩子的基本生理需求，於是跟鄰近的早餐店合作，讓小旋每天早上至早餐店用餐，並懇請鄰近的伯母讓小旋一起用晚餐，也請伯母協助看顧生活起居，至少讓他三餐溫飽，當基本生理需求被滿足了，即是推動其他行動的最大動力。

專業的協助與陪伴，走出陰霾結合心理諮商、遊戲治療……當虐待已經發生，至少在孩子支離破碎前，設法集全社會的力量，縫補孩子的碎片。協助小旋走出家暴的陰霾。在坐著聊天的過程中，諮商心理師透過專業訓練，幫助當事人更有方向的去認識自己、察覺自己的狀態，跟當事人建構新的方法去面對困境，整個會談是有目標跟方向的，支持當事人去行動跟改變。

遊戲治療的目的就是藉遊戲的特質，發揮兒童本身的自我治癒力，以抒發內在的情結，使人格得以正常發展。透過遊戲治療可觀察學童難啟齒語言或情感行為，有時學童很難透過語言表達感情或用語言來說明想說的話，連自己想表達的意思，有時無法用哪個語言來做表達，甚至自己無法了解他自己內心的世界，因此在遊戲治療過程中，兒童在遊戲時是完完整整呈現的個體，不驕作、偽裝，遊戲可說是學童的語言，指導老師應能從觀察與互動中了解學童想表達的訊息，了解學童的感受，便能幫助學童，以有效達到輔導效果。

多元學習與信任關係，讓孩子有歸屬感

提供穩定的課輔，讓課輔老師了解小旋的狀況，並給予他穩定的陪伴、傾聽、安全感，社工巡堂時與他建立信任關係，並令其感受到歸屬感、以及有人關心及看見他的需要。

暑假參與程式機器人Scratch軟體動畫與遊戲製作，建立程式語言邏輯觀念及組織能力，了解資訊科技在日常生活中的運用、羅本艾特機器人實作，如何使用Scratch軟體裡面的程式指令積木，控制實體世界的硬體，例如：Arduino開發板、各種感測器、機器手臂等等。當中除了學習如何操作外，更重要的是學生在過程中，除了學到運算思維、團隊合作以及問題解決能力外，更激發無限的創意，激發學生多元面向的學習觀。

—— 小旋的需求診斷結果 ——

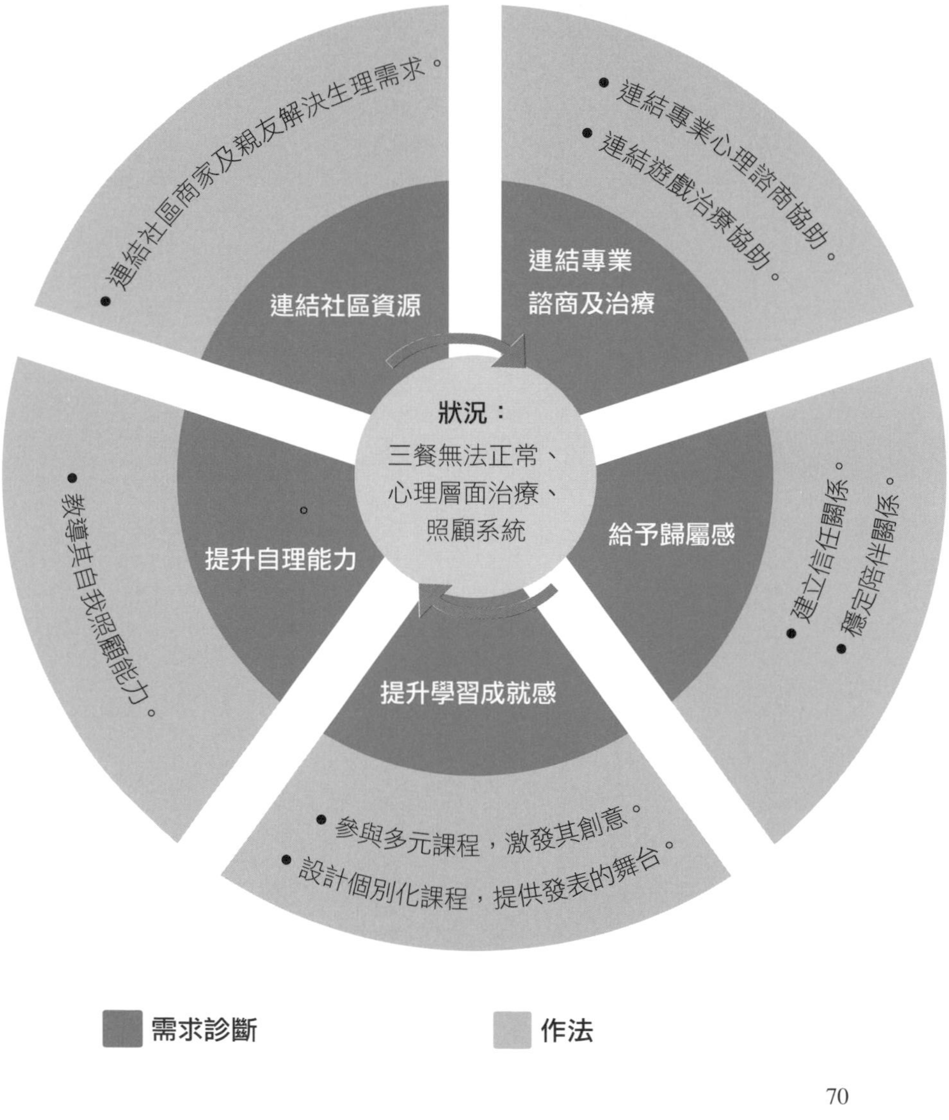
狀況：
三餐無法正常、
心理層面治療、
照顧系統
連結社區資源
● 連結社區商家及親友解決生理需求。
連結專業
諮商及治療
● 連結專業心理諮商協助。
● 連結遊戲治療協助。
給予歸屬感
● 建立信任關係。
● 穩定陪伴關係。
提升學習成就感
● 參與多元課程，激發其創意。
● 設計個別化課程，提供發表的舞台。
提升自理能力
● 教導其自我照顧能力。
需求診斷
作法

VOL.07

教室裡疲倦的孩子

小豪，宛如即將枯萎的盆栽

「老師，我好累，可以睡覺一下嗎？」

「我好餓，想吃東西。」

教室裡的小豪，常常精神不濟及昏昏欲睡，

也常說著肚子飢餓想吃東西。

這樣的孩子，像是枯萎的盆栽，

缺乏養分滋潤而變得沒有生氣、幾乎要凋謝頹靡。

學校放學鐘聲響起，老師已經在教室做好準備迎接學生們的來臨，再過幾分鐘即將開啟當天的課輔序幕。走廊的另一頭傳來了學生們的腳步聲及此起彼落的談話聲，陸陸續續進到教室，學生放下書包、脫下外套，一邊拿出會用到的文具書本，一邊和同學老師嘰哩呱啦聊天幾句，冰冷的教室因為學生而瞬間熱鬧奔騰了起來。

不一樣的孩子，讓人好奇

一個沉重背影與腳步聲默默地步入喧鬧的空間裡，走到平常的課輔座位先是像洩氣的氣球趴在桌椅上，眼睛空洞地看著教室裡的一切。偶爾插入同學的話題，偶爾搔搔頭看著窗外，偶爾翻翻書包拿出午餐的水果出來吃。他是小豪，一個課輔教室裡很容易會讓人將眼光多放幾分鐘來觀察他的一位學生。

小豪在課輔期間幾次反應他的飢餓感，然卻不見自己或他的家人協助準備點心止餓之用；課輔間供餐的日子裡，幾次反應他想再吃或想打包的請求，原來是為晚上與課後餐點打算與預備，萬一家人晚下班或晚歸時至少有東西吃。這些徵兆都令我們擔心，同時也好奇：小豪放學後的生活樣貌到底是如何？

兒童發育生長期提早來臨

近年來，世界各地兒童發育明顯提前，最主要原因與我們所接觸的環境有高度相關性。兒童的青春期猛長期比昔日一代的平均值顯著提前。除了生活環境，與營養改善和時代進步有大幅相關。東方研究資料顯示：青少年青春期發育較過去提前了約兩年（李輝，首兒所研究室主任，北京日報）；西方亦有相關數據研究證實：如今男童的青春期已經比他們上一代提前報到，平均大約提早一年（狄賓德教授，保加利亞）。

課輔時間適逢小學生下午課程告一段落的交接點，普遍正值發育的孩子們會有肚子餓或想睡覺的狀況，是十分常見且可以理解及同理的。由此可發現，若是在課輔期間供給點心以提供熱能熱量，或者短暫地休息，是能解決學生們之問題，並且幫助其專注於學習中。

根據美國心理學家馬斯洛（Abraham Harold Maslow）需求層次理論，認為首先要滿足人類天生的需求，最終達成自我實現。可以見得需求滿足與學習表現有高度密切關係對性、食物、水、空氣及住房等需要都是生理上的需要，這類需要的層級最低，一個人在轉向較高層級的需要之前，總是盡力滿足這類需要。一個人在飢餓時不會對其他任何事物感興趣，他的主要動力是得到食物。即使在今天，還有許多人不能滿足這些基本的生理上的需要。

我們這樣陪伴孩子

小豪在活躍的班級氣氛裡特別引人注目，幾乎一進教室眼光就會先注意和停留在這個學生身上─趴在桌面、疲態的臉色、話不太多、對活動提不起勁、分心恍神心不在焉、甚至時常打瞌睡。有時更是直接提出：「老師，我可以休息一下嗎？」、「老師，我想吃東西。」的具體需求，總言之，就是個昏昏沉沉，精神不振的孩子。匱乏的需求從生理層面擴散蔓延到課堂學習表現及同儕人際互動──動作緩慢、力不從心、同一句話或一件事總是要來回好幾次才能順利完成；於分組活動上，投入與參與被動、在團體的向心力及歸屬感偏低。

傾聽需求，提供資源訊息與實質建議

小豪父母離異，昔日家中以自營餐飲收入維持家計，然生意每況愈下不敷支應店租與生活，收攤後家中經濟頓失，所幸在學校及社會局協助下申請政府低收補助，失業家長未謀得穩定工作前則兼職臨時工作，盼維持家中運作，更長遠的是解決所積欠之負債。

小豪家長於訪談中坦誠表述自己狀況與感到困難之處，首先是為失業後的起步思緒如麻，除了勉勵關懷給予支持感外，我們也提供求職相關資訊幫助當事者尋找下一步前進的方向，舉凡各地就業服務站、就業博覽會或說明會、求職訊息管道等。其二是面對親職教養的無力感。昔日忙於工作，突然間面臨親子教養因茫然而感到焦慮，傾聽後協助轉達家長心聲，讓師長知情並提供學校端第一線立即協助，訪談間亦分享經驗談和提供親職訊息，如社會福利中心、家扶中心、坊間基金會等座談增能與諮詢管道。

與師長們幾次討論溝通，家長逐步地調整工作與家庭時間分配，為了讓孩子隔天上課有精神，訂定規律作息陪伴孩子早點睡覺、平日工作安排以配合小孩作息為主，假日再安排時間長一點的工作以增加收入等，盼協助單親家長兼顧工作與照顧小豪課後生活。

萬事起頭難，這時候的鼓勵對單親家長而言絕對是最重要的動力與支持。

連結資源，讓孩子不用煩惱餐點

老師：「關於這類型的狀況，請問有什麼餐點資源可以協助？」

與國小合作多年，師長們深知這群學童之家庭背景，除了穩定學習環境及課業指導，飲食及營養也在輔導的一環當中。平日學期間配合課輔時間，學校提供學童上課前先使用營養午餐，滿足生理需求（吃飯及午睡），確保精神狀態是良好，有時會由我們或國小提供點心與麵包，讓小豪放學時帶回家食用；暑假課輔因為是整天課程活動，必然提供學童營養午餐，每日未食盡的飯菜則放涼打包，藉此次機會教導孩子食物營養衛生概念，再個別教導小豪簡單加熱事宜或冰存保鮮方式，也藉此傳遞「鋤禾日當午，汗滴禾下土，誰知盤中飧，粒粒皆辛苦。」感謝食物提供端的辛苦付出，應該珍惜眼前每一分食物的感恩心。

同時，也向當地里鄰長、社會局社會福利中心等詢問相關資源，這類的資源申請多半需要由學校單位提出或送件；坊間資源則更加多元，舉凡社區內愛心待用餐商店、宗教組織單位的共食與物資捐贈、基金會或民間慈善團體組織提供餐點服務或食物銀行等，這類資源從網路中多半可搜尋，但有時是須要靠雙腳走訪探詢或鄰里間熱心民眾的提供才能收集得知。

共同關懷，開啟新生活

盆栽在陽光、水、空氣的照料下，本是綠意盎然蓬勃生長著；然而教室裡的這盆小盆栽因為一場暴風雨而缺乏養分及關愛，顯得枯萎乾燥，所幸暴風雨來得快去得快，盆栽又恢復昔日的翠綠與朝氣。目前小豪的家長已謀得正職工作，並且有穩定收入來源以維持家庭的運作；而固定的工作時間也讓小豪家長得以著手規劃課後及工作後家庭時間的打點安排。

小豪的身心與精神因改善家庭與生活問題後，其生活作息逐漸步入軌道，基本的生理與安全需求亦獲得穩定及滿足，學習狀態與課業問題也迎刃而解，持續前進中。當然對小豪及其家庭的關心與服務也持續著。

—— 小豪的需求診斷結果——

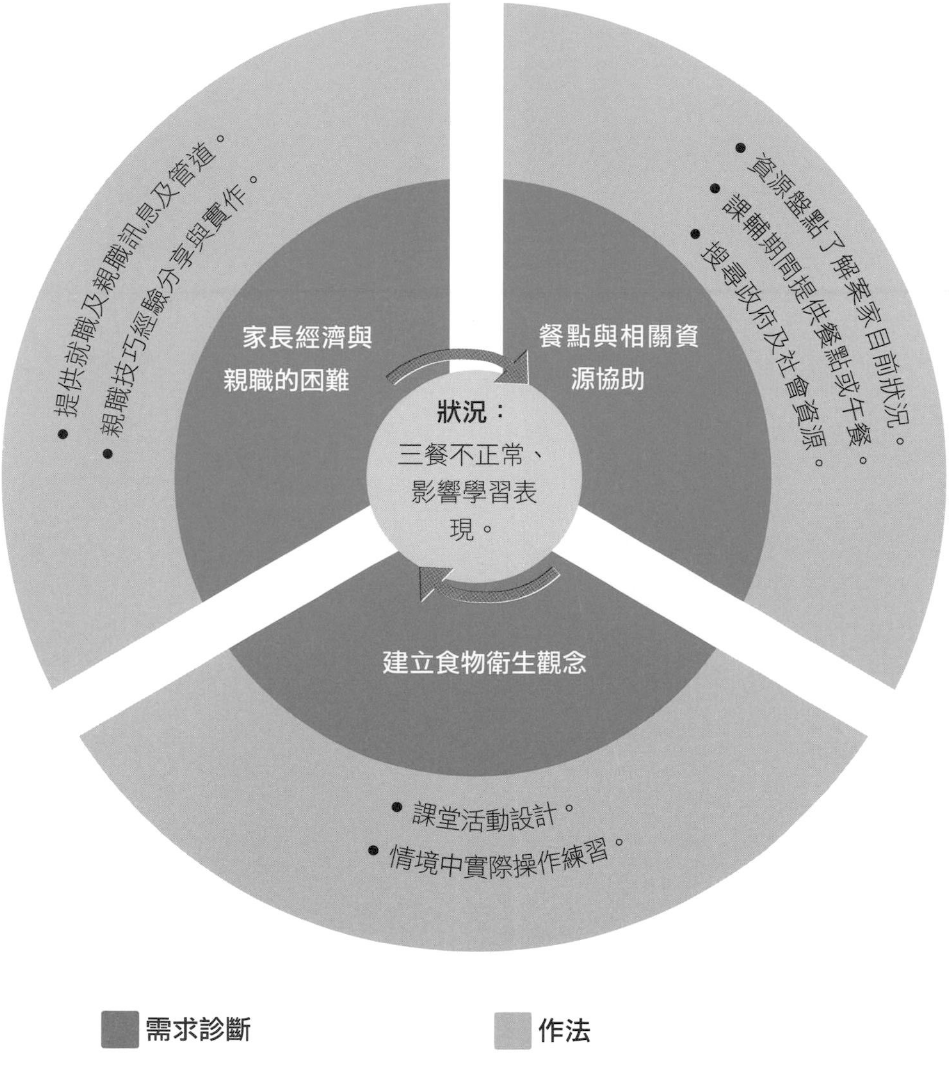
狀況：
三餐不正常、影響學習表現。
家長經濟與親職的困難
提供就職及親職訊息及管道。
親職技巧經驗分享與實作。
餐點與相關資源協助
資源盤點了解案家目前狀況。
課輔期間提供餐點或午餐。
搜尋政府及社會資源。
建立食物衛生觀念
課堂活動設計。
情境中實際操作練習。
需求診斷
作法

VOL.08

迷途知返的孩子王

廣志，重新找到心的方向

「親愛的小梅老師：以前的我逃學過，
也曾一直不寫功課，惹了不少事讓您擔心著，
但現在的我已經很努力地在改變了……」
充滿皺折的紙條上短短的幾行文字，來自廣志。
一年多前的他，可是眾人心中的頭痛人物，
但如今的他，動靜皆宜。

在認識廣志前的幾個月，廣志的父親剛因病過世，向來與母親不睦的祖母，伴隨失去骨肉至親的痛，除了將情感轉而投注在孫子身上，更因害怕失去，而產生了情緒勒索效應。

廣志的父母離異，平日都是和祖母同住，僅在假日才會與母親相聚。但隨著父親過世，祖母開始排斥廣志去找自己的親生母親，深怕會再失去重要的依靠。面對祖母這般強勢的態度和情感的寄託，廣志的內心如天人交戰般糾結困擾著，而因為對祖母行為的不解甚至厭煩，造就自尊心旺盛的他，在某些日常行為與學習態度上，產生了強烈的負向發展。

家人的情緒勒索，迷惘的孩子

廣志有時會對身旁同儕惡言相向，與人對談或偶有爭執時，口中也不時冒出不雅詞句，甚至有著肢體的小動作，無法靜下心來思考事情的前因後果，或是人際間該保有的尊重和禮貌。

而祖母不時在日間或放學時，到學校拉著老師或社工，一邊抱怨著廣志的脾氣，一邊訴說著自己的苦楚、怨嘆自己可憐的身世；當然，左鄰右舍自然也是祖母的忠實聽眾。祖母在校園或社區中，所釋放的負向情緒，聽在自尊心旺盛的廣志耳裡自然很不好受，深怕自己脫離交友圈成為了邊緣人，更擔心旁人給自己貼上了祖母口中「很可憐的人」這個標籤。

我們這樣陪伴孩子

廣志在面對失親之痛之餘，還須面對與承受家庭關係中祖母與母親相處不睦所形成的溝通困境，造就心理層面承受了憂傷與焦躁的雙重壓力，而對情感的表達產生了錯誤認知，更因無法尋得穩定且信賴的情感寄託者，在缺乏歸屬感、感受不到旁人所給予的認同和關懷時，想盡辦法用著肢體動作或言語，希望能獲取他人的注意，讓老師與同儕看見且認同他。但卻因為方式的錯誤而迷失了自我，在行為、學習與人際上，找不出可以帶自己脫離迷航狀態的一條路，直到永齡課輔系統進入了學校，廣志從一路的跌跌撞撞中，慢慢有了不一樣的轉變……。

與學校合作，加強自我肯定

永齡課輔體系與校內學輔系統、任課老師信任關係的建立，對於廣志行為態度和學習表現，將能更有效且直接的交流，也藉各處室老師間所見所感，互相討論、觀察，予以適時的提醒。

而透過正向叮嚀代替負向責備，減少廣志被貼標籤的機率，並可於校內公開場合，如：朝會，表揚廣志的正向行為、優勢面向，如：作業抽查時獲校長關注其繳交情形大幅進步；運動賽事精神可嘉……除可增加同儕對其認同與信賴外，更同時增加他對於自我的肯定。

老師們攜手，以正向引導撕除標籤

每週都有固定的時間，廣志會與課輔體系的兩位老師相處，課輔老師不時給予的關懷與支持，除了可讓他的內心產生歸屬感並建立信任關係的連結外，更能透過課輔老師在不同情境下的引導，讓廣志學習表達與釋放情緒的方式，又或在同樣的情境下，當角色互換時，反思自己的感受將會是如何，藉此學習情緒正確的抒發方式。而原班老師對廣志的深刻了解，更有助於讓他勇敢表達自己的想法、情緒，也從過程中叮囑並導正偏差行為。

原班老師並設計了正向回饋量表，讓班級成員共同討論哪些優點或正向行為是值得被鼓勵和關注，透過正向行為積分的累積，成為彼此心目中公認的最佳模範，藉此讓廣志也有機會從日常行為中發掘、警惕自我，正視自己值得讚美或讓他人引以為傲的行為，並勇於認知自己的不足和弱點，不以這些而感到自滿或自卑，而是學習認同自己、接納不足。如此更讓身旁同儕能從公正且客觀的角度，重新認識廣志，並撕除對他既有的標籤印象。

興趣養成，從成功經驗累積肯定

除了課業的學習，發展學童的多元興趣也是輔導機制中重要的一環。藉由鼓勵參加分校設計的多元活動，例如：運動競賽、烹飪體驗、育樂營隊，期許從活動的人際互動中，鼓勵結交和認識新朋友，學習互相尊重、包容，培養正確的溝通技巧、找到情緒抒發的正確管道，並從中關注他人優點，建立正向人際交往的方式，讓廣志能藉由同儕支持的力量，建立歸屬感並逐步拓展人際關係。

透過學校才藝課程的學習，如：烏克麗麗、陶藝、美術班，讓他有了展現自己的舞台，表現其優勢能力，在培養興趣專長之餘，同時增加與校內同儕的相處，建構互助學習而形塑正向的歸屬、認同感。並隨著時間的淬鍊，讓廣志有自我表現的機會，使其從成功的經驗中獲得對自我的肯定。

社工老師穩定陪伴，累積信任

社工老師透過校訪，關注課輔班每名學童的學習與行為表現。課輔期間透過協助解題、心靈談話、情緒安撫……建立與學童情感間的連結；而在休息時間融入學童間的討論，從中了解他們生活中所經歷事件以及近期所熱衷的話題、遊戲；在面對挫折或犯錯時，社工老師也提供解決問題的想法，鼓勵換位思考，互助找尋問題與情緒抒發的解方，也讓廣志藉此覺察不同行為與境遇，對每個人可能造成不同的影響，也會有不同的應對和解決之道，以理性溫和而非權威的言語，建立互動關係。

社工老師也常參與學童校內的活動，如：義賣園遊會、運動會、下課空堂的球類互動，除了在不同面向中更認識廣志外，也透過互動的累積，增加廣志對社工老師的信任及認同感。

家庭溝通，提升幸福感

透過放學時間的懇談或家訪，逐步建立祖母對於永齡系統的了解及信任支持。在日常，社工老師、課輔老師先協力與廣志做不定期的小對談，希望他能夠了解即使祖母愛他與關心他的方式較為偏激且自我，一時半刻讓他無法接受，甚至讓他有著不被尊重的感覺，但對他的愛卻是永遠沒改變的，並不時提醒廣志，祖母從小將他帶大，是最親的人，常言道：「子欲養而親不待」，別到了後悔都來不及的時候，才開始懊惱難過。

透過與祖母信任感的建立，除了能使廣志有更多機會參與多元活動外，在放學或家訪時與祖母的溝通，也讓祖母慢慢去體認廣志與母親建立良好關係，並不會威脅在孫子心目中祖母的地位，反而讓他能多一份母愛與親情的關懷和關注。當廣志的幸福感獲得提升，在各方面的進步與發展相信都能有事半功倍之效。

廣志的心，已不再那麼起伏不定，透過學校行政、課輔老師、社工老師三方的連線，那個浮躁不安的他，已漸漸轉化成動靜皆宜，從迷霧中找回自己內心道路的孩子王。

—— 廣志的需求診斷表 ——

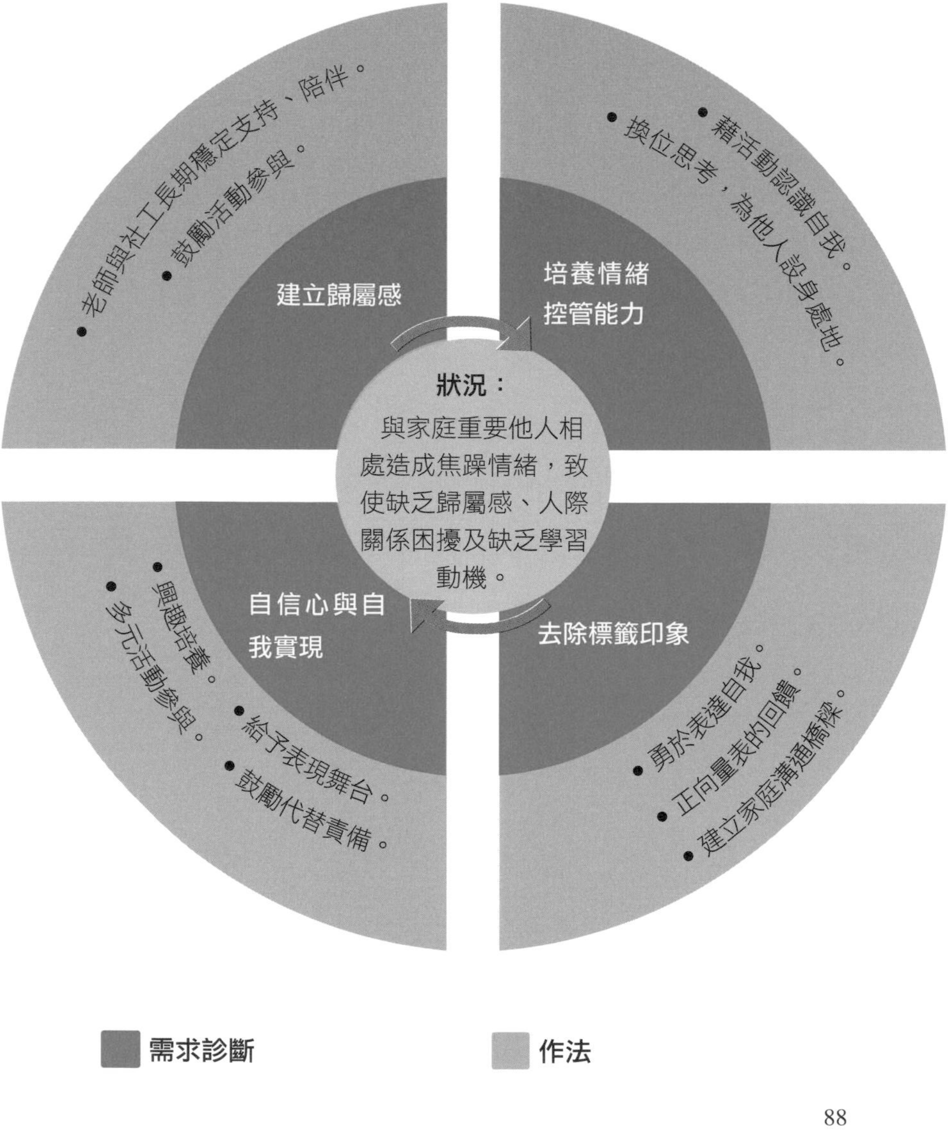
狀況：
與家庭重要他人相處造成焦躁情緒，致使缺乏歸屬感、人際關係困擾及缺乏學習動機。
建立歸屬感
● 老師與社工長期穩定支持、陪伴。
● 鼓勵活動參與。
培養情緒控管能力
● 藉活動認識自我。
● 換位思考，為他人設身處地。
自信心與自我實現
● 興趣培養。
● 多元活動參與。
● 給予表現舞台。
● 鼓勵代替責備。
去除標籤印象
● 勇於表達自我。
● 正向量表的回饋。
● 建立家庭溝通橋樑。
需求診斷
作法

VOL.09

只希望能健康長大

丙丙有保，丙丙不怕！

健保卡，你我皮夾裡再平常不過的一張卡，
但是對某些家庭來說，這張卡讓人左右為難。
沒錢繳健保費，只是表層問題，
背後還有著經濟與家庭的不穩定，
身處其中的孩子，亦是不安。

全民健康保險是維護全民健康福祉的最大安全防護網？但它真的可以網住大家？疏而不漏嗎？丙丙的爸爸三天二頭不在家，水電費、電話費、菜錢……都無從著落，健保費只能欠繳。這個月繳不出、下個月再拖欠，一旦需要去醫院看病，欠費的狀況一定會被發現的，到時候如果要我們繳，那要怎麼辦呢？就是繳不出來呀！

隔代同住、躁動的學習生活

丙丙媽媽因家暴離家，後來聲請保護令，但因經濟不允許，未能將小孩帶走，因此丙丙仍跟爸爸和阿公、阿嬤同住。這件事之後，學校老師說丙丙偶爾會在課堂上說出：「反正我又沒有媽媽……」

課輔老師反映丙丙在課堂上的狀況時好時壞，雖然資質不錯，但常依心情做事與上課，如果能靜下心來，學習效果就會很好。社工及課輔老師努力試著填補丙丙心裡欠缺的那份愛，讓他不因家裡的變化而有過多的失落。

好動的丙丙是球隊成員。在媽媽離家前，曾因他好動及注意力不集中的狀況帶他到醫院看診，醫師表示他還未達到過動的程度，但建議可以多運動宣洩體力，所以讓他去練球。一開始丙丙開心地去練球，也在球場中找到另一種成就感，但後來偶爾會在走來課輔教室途中溜至球隊，還曾謊稱要比賽而請假，這就變成了新的問題。

社工持續關心著，並在查看聯絡簿時發現，學期中都到了家長卻未曾簽名。丙丙說：「一個禮拜看到爸爸三天，有時候兩天。」也說爸爸在家時會喝酒，阿嬤則忙著家事，沒有人幫他簽聯絡簿。而社工家訪時，阿嬤說：「兒子沒做什麼工作」、「會拿錢回來呀，可是很少，有時候水電費跟菜錢都不夠付。」雖然丙丙與爸爸住在一起，但因為爸爸很少在家，平時由阿嬤照顧。對於好動的丙丙，阿嬤顯得束手無策，只好請社工多多關照。

老師，我沒有健保卡

某日，老師跟社工看丙丙身體不舒服，叮嚀他說：「丙丙，要請阿嬤帶你去看醫生，這樣才會好喔。」一次、二次……在老師及社工反覆叮嚀卻沒看見丙丙狀況好轉後，問了丙丙看過醫生了嗎？

「社工、老師，我沒有健保卡看醫生……」丙丙支支吾吾地回答。

「怎麼會沒有健保卡呢？」對身體不適卻遲遲沒就醫的理由，社工與老師感到震驚。於是，趁著課輔空檔，社工與老師一同拜訪丙丙家，想了解怎麼會沒有健保卡。詢問阿嬤，阿嬤說：「有啦！有健保卡啦！只是很久沒有繳健保費了……」

透過訪視我們才知道，原來因為爸爸收入不穩定，連支付家庭生活基本開銷都已近乎捉襟見肘，每月健保費的繳納只好一拖再拖。阿嬤曾私下向鄰居打聽，健保費沒繳會被鎖卡，而解卡則需要監護人去辦，因此她說：「丙丙的媽媽不知道在哪裡，就算有錢繳健保費，解卡卻也找不到丙丙的媽媽……」

原來是丙丙健保費欠繳，不是未辦健保卡。但健保費未繳真的會被鎖卡、也不可以上醫院看醫生嗎？為了釐清健保卡鎖卡與否等問題，更為了讓丙丙以後生病能及時就醫，社工與老師決定在網路上搜尋相關資訊，以及詢問健保局。

透過查閱網路資料，並由健保局回覆得知：全民健保自一九九五年開辦，一九九七年開始實施鎖卡制度，直到二〇一〇年九月，行政院提出「弱勢民眾安心就醫方案」，始將中低收入戶、特殊境遇家庭，以及二十歲以下的兒童與青少年，排除在鎖卡對象之外。二〇一二年二代健保實施後，再改為經查證有繳稅能力卻不繳納健保費的民眾，才予以鎖卡。二〇一六年六月起，政府啟動取消健保卡鎖卡制度相關作業，徹底將鎖卡與欠費脫鉤，落實普世醫療價值。

確定健保欠費繳納協助措施

丙丙阿嬤經由鄰居打聽到健保費沒繳會遭鎖卡，如今已不符合現況；即便未繳健保費，丙丙仍是可以持健保卡就醫的。不過，欠繳健保費的情形，仍然有待解決，所以我們也藉由健保局的回覆，了解欠費繳納的兩種協助措施：

第一，經戶籍所在地公所核定為經濟困難者的「紓困基金貸款」。

第二，不符合紓困貸款資格，但積欠健保費超過兩千元，因經濟因素無法一次繳清的「分期繳納」。丙丙家裡領有中低收入戶證明，可以符合第一種規定。

最後事情得以圓滿解決，也順利讓丙丙看病。丙丙事後得知開心地告訴社工，我好想知道你怎麼辦的！

攜手賦予關心、肯定與滿足

由於丙丙上課無法靜心，常有走來走去干擾老師與同學的情形。社工協同導師及主任商談，導師與主任都表示丙丙來永齡後進步很多，也說丙丙是個很需要愛的孩子，如果能夠感覺被肯定、被需要，丙丙的情形會穩定很多。於是社工與課輔老師討論，平時多稱讚丙丙，也交付一些任務讓丙丙去完成，藉由肯定丙丙的表現，滿足他被需要的需求，並透過持續觀察、記錄，以供日後調整輔導工作的依據。針對常在來課輔教室途中溜去足球隊的情形，除了請課輔老師親自到班接丙丙上課輔，也跟球隊教練討論，商量出以後要有課輔老師的同意單，丙丙才可以練球，穩定他的上課狀況。

另外，社工也想辦法聯繫上丙丙的媽媽，請她多和孩子聯絡、關心近況，讓孩子感受媽媽關愛依舊，也要讓他了解媽媽離家不是不要他，只是工作還不穩定，等穩定下來，就會定期來看丙丙。社工和課輔老師盡量彌補丙丙缺乏的那一個環節，用另一種關懷讓丙丙持續被愛包圍。

—— 丙丙的需求診斷結果 ——

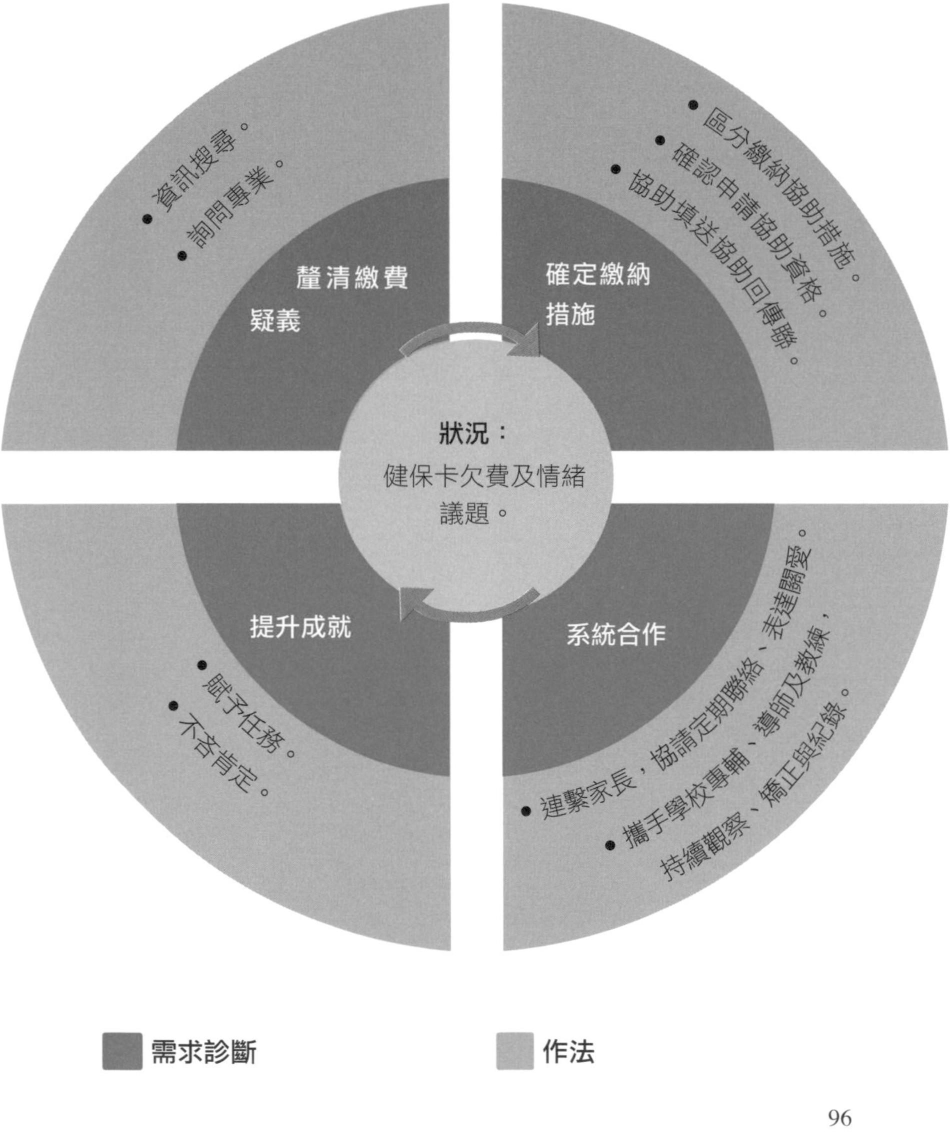
釐清繳費疑義
• 資訊搜尋。
• 詢問專業。
確定繳納措施
• 區分繳納協助措施。
• 確認申請協助資格。
• 協助填送協助回傳聯。
狀況：
健保卡欠費及情緒議題。
提升成就
• 賦予任務。
• 不吝肯定。
系統合作
• 連繫家長，協請定期聯絡、表達關愛。
• 攜手學校專輔、導師及教練，持續觀察、矯正與紀錄。
需求診斷
作法

第二章
伴孩子成就人際關係

以正確的社交方式取代負向行為

VOL.10

沉默的木頭男孩

小陽陽，患有選擇性緘默症的孩子

進到永齡課輔班級，不經意的時候，
會發現有一雙眼睛正在默默地盯著你，
當你跟他對視的時候，他又會很快地撇過頭假裝不看你，
與患有選擇性緘默症的小陽陽相處，
就像在玩「１２３木頭人」一樣

小陽陽是一位轉學生，據媽媽說在先前的學校的表現其實都跟一般同年齡的小朋友一樣，會與班上的同學、老師說話。但因為考量到家與學校的距離決定在三年級時轉學。小陽陽在適應新學校、新班級的過程中開始變得沉默、不愛說話，不跟大多數的同學互動。爾後在學校老師建議家長帶孩子去醫院就診後，診斷小陽陽有選擇性緘默症。

怕生、環境的轉壞，讓孩子沈默

選擇性緘默症是一種社交焦慮症，患者本身有正常說話的能力，行為和學習能力都正常，但卻會在特定情境下就是說不出口、持續不說話，以致嚴重影響其學習、生活，或是有明顯的社會溝通障礙。

在一〇五學年度、小陽陽四年級時開始進入到永齡課輔班，課輔班對他來說也是個陌生、需要熟悉的環境，而且裡面是由四到六年級混班的學生組成。他在永齡課輔班上雖然不講話，但總會用一些方法引起老師、同學們的注意，像是會動手打鄰近的同學，或者手上拿東西丟同學。有時上課到一半就自己突然跑離開教室……到課輔班觀課時總會聽到其他同學生氣地向課輔老師告狀說：「小陽陽又打我了」、「小陽陽又偷跑出去了」，因此在課輔班雖然是安靜不講話，但確是「不沉默」的存在，經常惹其它同學生氣，也讓課輔老師很苦惱，不知道怎麼跟小陽陽相處……。

我到小陽陽的班級觀課時，看到下課時間他會一個人在草堆中自己玩，其他的課輔同學偶爾會好奇地靠近看看小陽陽在做什麼，但因為他不太會口語表達，或者又會拿東西作勢要丟同學，所以很快的同學就變得不敢主動靠近。但又看到小陽陽眼睛會直勾勾地盯著正在追逐嬉鬧的課輔同學們，那眼神很熱切，好像在訴說著：「我也想跟他們玩！」

因為緘默，在學習上逐漸落後

小陽陽的緘默在學習上造成一些影響，讓他在學習英文上因為不願意開口說，因此課輔老師也不知道他是否會發音，以及分辨得出音與音之間的不同。在定期英文檢測上也因為題目有發音的檢核，也遲遲無法順利通過考試……每當看到小陽陽的英文成績充斥紅字的低分時，身為永齡的社工的我一方面擔心這樣的學習與考試方式，會不會讓他對學習愈來愈失去動力與成就感；另一方面也擔心課輔老師在教學過程中充滿挫折，會逐漸失去服務與教育的熾熱之心。看到這樣，讓我內心的擔心很滿很滿，渴望協助小陽陽及課輔老師的心也很滿很滿……。

我們這樣陪伴孩子

考量到小陽陽對於環境、人的適應需要更多時間去建立信任，因此在每學期課輔老師的安排上盡量固定同一位，讓小陽陽逐漸習慣課輔老師的上課方式與班級管理的方式。我時常去班級上找小陽陽「單獨」聊天，當他的「筆友」，我在紙寫下關心的話，像是：「今天學校的午餐好不好吃啊？」、「在家有沒有玩手機遊戲？」……透過筆談的方式不僅讓我更了解他的內心世界，也讓他感受到被關心的感覺。

穩定的陪伴，理解緘默的背後原因

持續與小陽陽當筆友幾個月後，在一次當「筆友」的過程中，我鼓起勇氣問小陽陽：「你是來到這間學校才開始不說話的嗎？」他輕點頭，我接著問：「為什麼？」時，小陽陽竟然開始寫下他不講話的原因。

那時候小學三年級剛轉學過來的小陽陽，與班上同學相處有發生過不愉快的經驗，班上同學亂動他的東西，他在生氣之下就打了對方，對方也打了回來。這個小小的摩擦，讓本來就比較怕生的他更退縮，也不太願意與不熟的同學接觸……他描述這段經驗的時候，很激動地比手劃腳演示當時互打的狀況，而且臉部的表情多了很多。

結束那一次的筆談後，我望著小陽陽的眼睛真誠地說：「謝謝你願意告訴我，很喜歡跟你聊天喔！下下次再一起聊天好嗎？」聽完，他點點頭，嘴上隱約帶著一抹淺微笑。看著這樣的小陽陽，我知道我們的陪伴逐漸讓他願意信任了……。

透過桌遊營造人際互動的情境

接著我想，除了讓小陽陽信任社工之後，那麼跟課輔同學的相處能有些好的發展嗎？因此，我嘗試利用課輔中的剩餘時間，開始帶入桌遊。而桌遊的選擇要考量到並非完全透過語言才能進行的，像是：矮人礦坑、傳情畫意等，讓課輔班同學與小陽陽一起玩。在玩遊戲的過程中，一旦發現小陽陽有打人行為出現時，我就立即在遊戲中介入，詢問他：「打人的原因是否是因為開心，或者想跟其它人講話而做的？」並請他以點頭或搖頭回答，再來指示一些動作取代小陽陽開心時的感受，像是：如果高興就跟其它人擊掌等。如此能讓課輔同學知道小陽陽行為背後的想法，也讓小陽陽學習如何以合適的行為表達自己感受。

另外，也引導課輔同學練習當面向小陽陽表達想法，像是：「我想跟小陽陽玩，但不喜歡小陽陽打人」。讓小陽陽知道課輔同學不是因為討厭他，而是害怕他帶有攻擊性的行為。透過桌遊為媒介，製造人際互動練習的情境，讓小陽陽與課輔同學從中不斷的練習正向的人際互動表達，促成彼此的理解。

增加彼此理解，建立友善互動

而這樣的人際練習是需要不斷陪同練習的。印象中有一次小陽陽因為想跟追逐的課輔同學們玩，就用水潑人，讓其中一位同學跌倒擦傷，且跌倒的同學也開始淘淘大哭起來。當時的情境看得出來小陽陽也嚇到了，不知道自己一個小小的行為會引發不小的影響。

這時候我帶著小陽陽與受傷大哭的同學進行對話，藉著詢問受傷同學的想法與感受，像是：「你哭是因為生氣嗎？還是有其他的原因？」，讓小陽陽知道這樣的行為會讓人感到不舒服；進而詢問受傷同學：「你覺得小陽陽的行為是在跟你玩嗎？」讓他知道自己的行為對課輔同學來說不一定是玩，可能感受到的是攻擊意圖。

另外，也詢問小陽陽的想法，像是：「你這樣做是想加入跟他們一起玩嗎？」

讓受傷同學理解到他的行為並不是攻擊，而是想表達加入的意思；進而詢問小陽陽：「是不是沒想到這會讓別人生氣與受傷？」、「看到別人生氣與難過，自己的心情也會不好？」也試圖引導受傷的同學理解小陽陽並非故意傷人，也對自身行為對他人產生的影響，感到難過。最後，讓小陽陽協助幫忙處理受傷同學的傷勢，並用「鞠躬」的方式表示對不起，讓他學習為自己的行為負責。

在一次次的人際行為表達的練習中，逐漸陪伴小陽陽去思索怎麼樣的行為表達才是合適的，過程中其他同學也練習表達自己的感受，現在其他的同學都會直接的跟他說：「小陽陽，這樣不好玩！」、「小陽陽，你這樣的行為我會害怕」，而小陽陽也逐漸減少打人、拿石頭丟人的行為頻率，改變正在持續練習中……。

不特殊對待，每項活動都要參加

小陽陽不願意口語表達，有時候在課輔班級上會成為特殊的存在，但在某些需要口語表達的場合中，總會糾結著要不要讓他參與。像是每年永齡希望小學在暑假所舉辦的夏日英雄的英文表演時，著時讓我與課輔老師傷透了腦筋。但是考量到如果不讓他上台，又少了陽與其他同學一起參與、面對的感覺。

因著不想讓小陽陽被視為「特殊」的人，因此最後決定讓他在英語表演的故事中，擔任一隻不說話的「兔子」，而且可以在舞台上隨意的走動，一來符合他不開口的特性，二來也很像他在班上偶爾的亂走。最後，在正式表演中，小陽陽與大家經歷這個共同時刻。在舞台上，有時略顯調皮、亂在舞台可愛走動的他，偶爾也讓台下的人會心一笑呢。

教學方法的彈性運用

因為小陽陽在口語表達上比較退縮，因此在教學方法上需要不斷與課輔老師討論引導的方式。像是多增加與小陽陽眼神接觸的頻率，會請課輔老師先與小陽陽有直視的眼神接觸之後再進行問題的詢問，且詢問的方式可以用是非題或者選擇題的方式引導他以點頭或搖頭示意，或者用手指頭比出選項。另外，在英文學習的部分，針對英文的發音辨別，會請課輔老師用選擇題讓小陽陽判斷哪一個發音是正確的，如果分辨的出來就能確認他已吸收。

小陽陽其實在學習上很快速，只是因為口語的表達受限。因此透過與課輔老師一起討論如何確認學習狀態、調整教學方式，能讓課輔老師減少教學上的焦慮並更有效的陪同小陽陽學習。

陪伴與改變都需要時間

與小陽陽的相處，真的好像在玩「１２３木頭人」的遊戲，從一開始的迴避接觸，遠遠地躲在遠方。隨著一次次的陪伴、接觸，讓我們關係更靠近，而在每一次的注視與行為練習中，逐漸懂得控制自己的行為，也許進步的幅度不是很大，但每一小步的調整與改變，對小陽陽、課輔老師、身為社工的我們來說都是不容易的過程。我與小陽陽的「１２３木頭人」的遊戲還在繼續進行中……。

—— 小陽陽的需求診斷結果 ——

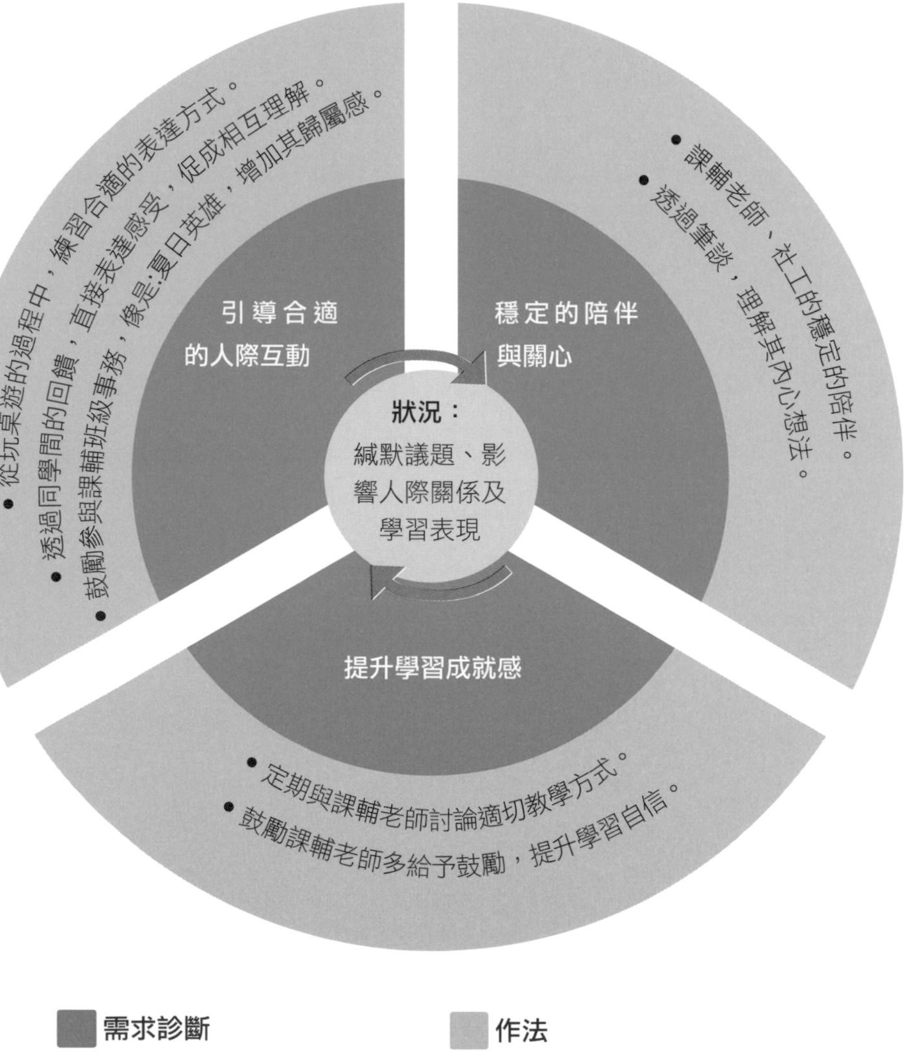
狀況：
緘默議題、影響人際關係及學習表現
引導合適的人際互動
從玩桌遊的過程中，練習合適的表達方式。
透過同學間的回饋，直接表達感受，促成相互理解。
鼓勵參與課輔班級事務，像是:夏日英雄，增加其歸屬感。
穩定的陪伴與關心
課輔老師、社工的穩定的陪伴。
透過筆談，理解其內心想法。
提升學習成就感
定期與課輔老師討論適切教學方式。
鼓勵課輔老師多給予鼓勵，提升學習自信。
需求診斷
作法

VOL.11

好，我可以做到！

龍龍，努力改善同儕關係

課堂上只要到分組時刻，教室裡就會有此起彼落的抗議聲……

「跟他一組我就不要玩了！」、「我不要跟他一組啦！」

「吼～～為什麼我跟他一組，他很煩欸！」

每當這種情況又發生，小朋友口中的「他」，總會用惡狠狠的眼光掃射教室裡的每位小朋友，並竭盡全力吼著：「我又沒怎樣！」

她，是龍龍，一個只要分組就會落單的小朋友，當大家在進行團體活動時，她總是一個人在角落趴著悶悶不樂，想參與活動的意願也會被其他學童的抱怨聲淹沒；課輔時，龍龍也總是精神不濟，說著不想讀書、只想睡覺，又會引來其他學童一片罵聲……。

宛如不曾被肯定的浮木般漂泊

四年級的龍龍，因為學習困難，在學校需要到天使班上課，放學後為了能協助她順利完成功課，便加入了永齡進行補救教學。「哥哥常常覺得我很笨，一直使喚我去做事。」在同間國小就讀的龍龍哥哥，是學校前幾名的資優生，老天像開玩笑似的，給了他們天差地遠的差別。

龍龍對於哥哥優異的成績很引以為傲，但實際兄妹相處上卻不睦，常常會一言不合就拳打腳踢，而龍龍的媽媽很常不問對錯就先行處罰她，再加上父母分居，媽媽帶著兩兄妹寄住於娘家，媽媽需協助料理家裡約十名人口家務，無多餘心力看照，導致龍龍作息不正常，常常讓她上學遲到或聯絡簿沒有家長簽章，且龍龍的媽媽曾有酗酒問題，精神恍惚常常連基本對答都有困難，取而代之的是責備她的成績總是不如哥哥。

我想要變成那隻最大的恐龍！

龍龍跟同儕互動常有摩擦產生，即便是自己的錯，她總會用「我是不小心的」這句話掩飾自己的錯誤，甚至指責是對方先犯錯，她自己又沒怎麼樣。於是，同儕對龍龍的反感如同滾雪球一般，日積月累，愈滾愈大。

在輔導室，龍龍拿起彩色筆，在圖畫紙畫出恐龍打鬥的場景。圖畫中有弱肉強食之分，恐龍分了好幾個等級，體積大小、攻擊力強弱，每隻都區分的很清楚，而且有很多流血的畫面，強的恐龍會打敗弱的，且不只有一個敵人，弱的恐龍四面八方遭受攻擊，讓人感覺圖畫裡的世界是一直在競爭的，龍龍將自己的名字寫在最強大的恐龍上，說著她要成為這隻最厲害的大恐龍；看似血腥的圖畫中，有一小角落畫的是由小至大疊起來的恐龍，沒有打鬥、沒有衝突，讓人感覺祥和溫馨，是整幅圖畫中最保有天真童趣的一角，如同龍龍的日常一樣，常會跟同學發生衝突，但總會跟社工說很喜歡跟大家玩在一起的時候。

我們這樣陪伴孩子

每當想跟龍龍聊及與同學發生衝突的狀況時，她總是避而不談，或者又依然堅稱自己沒做什麼事，常為此會談無法更深入討論，直到一次我詢問龍龍：「妳覺得自己處理事情的方法會讓同學傷心嗎？」原本語氣激昂的她彷彿突然想通了什麼，安靜了一段時間，低著頭小聲說：「會，他們也會傷心。」接著卻笑了，雲淡風輕說著自己的頭腦有分為感覺區及記憶區，感覺區分為快樂及不快樂的感覺，發生衝突時他也常常因為這些衝突不開心，但因為想把這些難過的感覺忘掉，所以才不想討論，但其實記憶區還是會記著這些壞的回憶，我看著她說出最後一句話時，笑容沒了，原先我以為她的避而不談是因為擔心被責罵，聽完後我心裡酸酸的，原來，她只是一個不會處理自己情緒的孩子，所以壓抑著。

使用情緒卡，教孩子處理情緒

聽完龍龍這番突如其來真實的談話，我發自內心的向她表示感謝，謝謝她願意將她真實的想法告訴我，也請她從情緒卡中挑一張可以代表自己現在的情緒卡牌，龍龍看了看選擇放鬆，並看了看我笑了，從此之後使用情緒卡告訴我她的情緒便成為我們之間的小默契，利用情緒卡引導孩子抒發自己的情緒，也藉此了解龍龍與學童互動狀況，過程中也舉幾個實際在她身上發生過的情境，協助龍龍看見自己在人際互動上會讓人不舒服的地方後，並與她一起想可以做得更好的辦法，約定會在課輔中實現這些小任務，例如：在接受到別人協助時記得說謝謝，下次會談進行回報。

給予即時的正向鼓勵

請龍龍將會談中與我約定的小任務讓課輔老師知道，請老師協助觀察龍龍狀況之餘，也請老師在龍龍改變時，進行立即的正向鼓勵。龍龍也提及跟老師說可以讓老師提醒她，她才不會忘記與我之間的約定，每次約定完我都會問龍龍：「妳有信心可以做到嗎？」她總是不太有自信的說：「應該吧」但經過幾次努力的完成任務後，她後來都會大聲的跟我說：「好，我可以做到！」。而龍龍也確實的完成每個任務，與同儕衝突或是被霸凌狀況不再那麼頻繁，她真的做到了。

看見優勢，建立孩子自信心

在課業部分，因為媽媽常以成績優劣作為好壞的基準，也常常拿哥哥的成績來比較，導致她自信心的不足及學習意願低落。但在經過幾次會談後，課輔老師發現龍龍學習態度比以往積極許多，也較願意學習，但在會談中我卻很少聽到她提起此事，反而還是會數落自己的成績，我請她回想自己在課堂上的表現，並詢問她是否有比以前努力？龍龍想了想才慢慢逐一說出自己跟以前不一樣的地方，我肯定她對課業的努力，也請她繼續保持，並答應她社工會一起協助她，相信有一天她的努力會有美好的結果。

某天龍龍手舞足蹈帶著樂高與我分享她的收藏品，發現她雖然課業學習需要較多時間，但很擅長玩桌遊及組裝樂高，在課輔及會談期間讓她展現擅長的部份並協助其他人，目的期待可增進龍龍與其他學童正向性的互動，及建立自信心。

孩子的努力，希望能被看得見

利用每次的家訪及電訪告知媽媽龍龍這學期的進步，一併關心媽媽的身體狀況，學期的最後我接到媽媽的電話主動關心龍龍的狀況，我又驚又喜，彷彿在媽媽眼中終於看見孩子的努力，最後我極力邀請媽媽出席家長會，當天，依據課輔班每位學童的個人優勢進行頒獎，龍龍這學期拿了運筆如飛獎，從抗拒上課到完成功課的速度是班上的前幾名，每次也都有把老師規定的進度完成，且態度良好，自己會約束自己或想辦法解決問題，進步良多。

我看見司儀講出這番話後，龍龍嘴巴抱怨著：「吼～～怎麼我也有獎還要上台。」但拿到獎狀後，我看見她對著媽媽的手機鏡頭笑了，我也相信那天媽媽看見龍龍站在台上，也一定與有榮焉。

龍的需評估結果

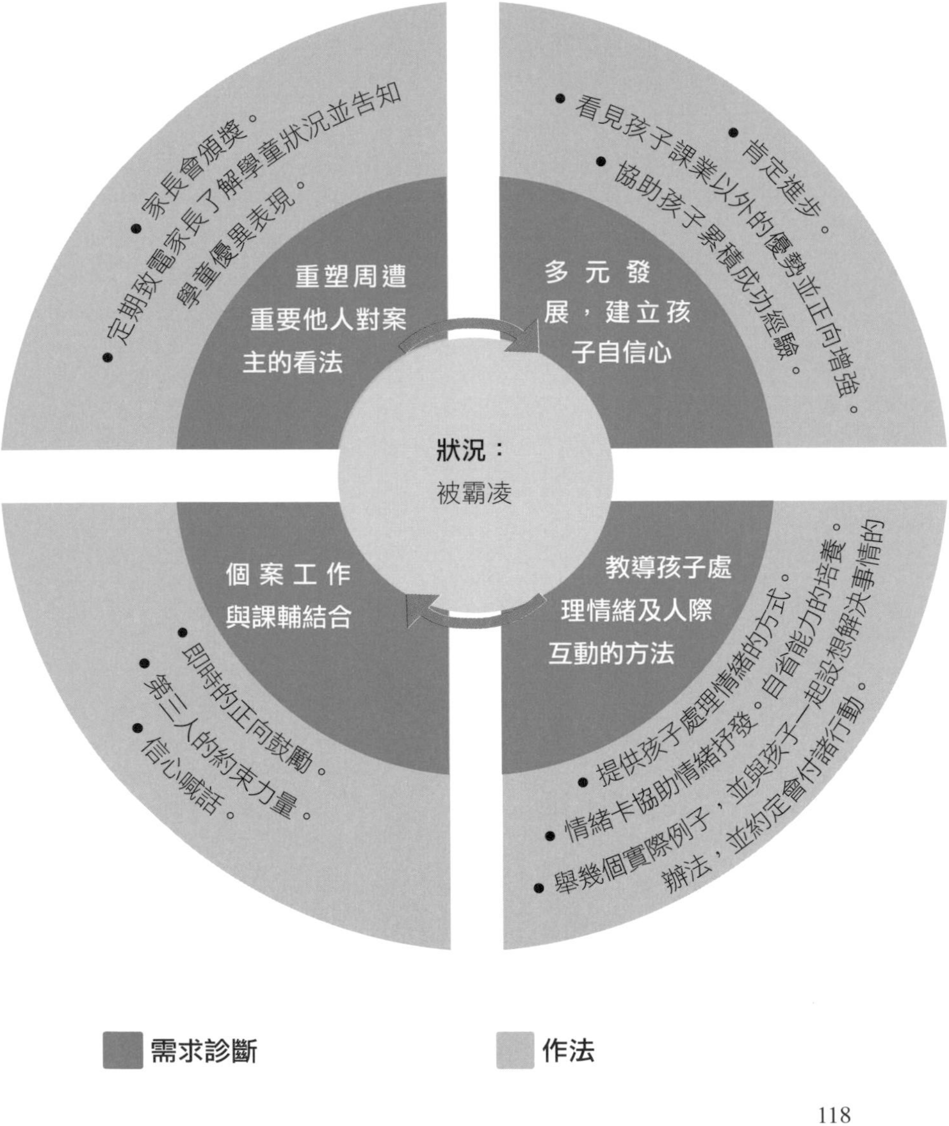
狀況：
被霸凌
重塑周遭重要他人對案主的看法
●定期致電家長了解學童狀況並告知學童優異表現。
●家長會頒獎。
多元發展，建立孩子自信心
●看見孩子課業以外的優勢並正向增強。
●肯定進步。
●協助孩子累積成功經驗。
個案工作與課輔結合
●即時的正向鼓勵。
●第三人的約束力量。
●信心喊話。
教導孩子處理情緒及人際互動的方法
●提供孩子處理情緒的方式。
●情緒卡協助情緒抒發。自省能力的培養。
●舉幾個實際例子，並與孩子一起設想解決事情的辦法，並約定會付諸行動。
需求診斷
作法

VOL.12

等待綻放的薔薇

庭庭，不穩定家庭中的自信女孩

一抬頭就在許多學生中，看到一位蓬頭垢面的小女孩
她的衣服雖不破爛，衣服上面還沾染了污垢，
讓人覺得「這孩子有回家嗎?!她是在外面流浪過嗎？」
且從她身上隱隱散發的味道，散布在整間教室內……

庭庭當時是小學三年級，單親家庭，由媽媽照顧，並且與外祖父母及舅舅同住。每天早上都必須獨自從家裡出發走五至十分鐘的路程到大馬路口，再搭二十分鐘的公車到學校。在這路途中，她可能會到周圍的商家四處去逛逛，有時甚至睡過頭沒搭到公車，常常到校時間都已經快中午了。

庭庭的功課其實不差，是位聰明的孩子，反應也很快，所以課業學習狀況相當不錯。雖然是三年級的小學生，但你若跟她交談過，你會訝異這小孩的口條怎麼會能夠如此流利，稚嫩的口吻中卻可以感覺到與同儕不同的成熟氣息。庭庭對周遭事物的敏感度很高，個性也十分機警，讓她單純的心靈卻有著大人般的世故。這樣的特質使得她難以敞開心房說出內心的真實感受與問題。此外，庭庭也因為家暴案件，被社會處列管為高風險個案。

孩子的期待，你願意靠近我嗎？

庭庭在所有人面前，幾乎都是面帶著微笑，主動分享她碰到的事情與自己面對事情的看法。她雖然個性相當開朗，但身邊的同學卻不願靠近；庭庭很清楚自己是不受歡迎的人物，所以即使有幾位會與她說話的同學，但礙於同儕壓力，真正聊天的次數其實也不多。我每每聽著庭庭訴說自己在校與同學相處的情況，與她對於人際關係上的理解，彷彿能夠聽到她內心有股聲音在問：「為什麼你們不願意靠近我啊？」我相信其實她也很期待自己可以受到同學歡迎，但到底發生了什麼事情，讓她陷入這樣的狀況呢？

庭庭家中，媽媽與外祖父是有工作的，舅舅則是無業在家。早上通常是外祖母幫忙準備庭庭的早餐，但我卻常常聽到她說家裡沒有早餐吃，後來與家裡聯繫後才了解，原來家中都有準備，只是她不愛吃。庭庭通常會到路口的便利商店，大方的個性與伶俐的口齒，總能吸引一些叔叔、伯伯請她吃便利商店的早餐。但是我總擔心會不會有人心存惡意誘拐，甚至傷害她？

庭庭有位一歲多的弟弟，媽媽大部分的時間都在照顧年幼的弟弟，庭庭為了吸引媽媽的目光，時不時會用言語激怒媽媽。我曾經聽庭庭抱怨說：「老師，你知道媽媽之前曾經用什麼打我嗎？用衣架！而且還把我打到流血……」說著說著便看到她漸漸握起了拳頭……這件事情被通報為家暴事件，且從庭庭講述的過程中，我可以感受到她並不願意原諒媽媽。

心理影響生理，讓孩子有了抗拒行為

庭庭還有尿床的情況，甚至會在床上大號，我不曉得是不是與媽媽對她的管教方式有什麼樣的關聯？仔細看她的衣服，確實可以在上面看到沾染糞便的髒污，這是在一般家庭中不會出現的狀況，但卻發生在庭庭的家中。實際走訪了一趟，我發現家中確實髒亂，尤其是與媽媽和弟弟一起生活的房間；媽媽雖然也跟我抱怨這樣的居住環境讓她感到心煩，但因為工作不穩定，同時又要照顧幼兒與煩惱其他生活困境，所以也不常主動整理，且房間堆積的髒衣服也無人理會，我們也發現媽媽的情緒也相當不穩定。

我們這樣陪伴孩子

與庭庭建立起關係後，經由一段時間的陪伴和觀察，我發現她不是故意尿床，不過的確有許多行為是為了與媽媽對抗而產生，例如：在房間大號。然而偶爾卻又可以聽到庭庭分享媽媽帶她出去時，母女倆一起做了哪些事。看她敘述時，臉上總掛著燦爛的笑容，我可以感受到庭庭是非常地開心。因此我期待透過每次和庭庭的晤談，能慢慢突破她的心房，讓她可以真實地把自己的情緒表達出來，並且引導她改善與媽媽之間的關係。但這並不是件容易的事，因此，每每看著庭庭面對媽媽這種矛盾的心情，總讓我無比心疼和不捨。

與學校共擬對策，教導生活技能

整潔的問題是目前庭庭在學校遭遇到同學責難的主要原因，為了讓她與同學能融洽相處，衛生習慣是必須要改善的。學校的導師與家中聯絡，希望家人可以重視家中的衛生情況，並且定時清潔庭庭身上的衣物。但後來觀察到這個情況一直沒有改善，我便主動與學校討論，而學校老師也相當幫忙，最後擬定利用每週三下午的課後時間，讓她到資源班教室，進行生活技能教育，如：洗衣服、晾衣服、洗澡等等。在這約莫一年中，可以看到庭庭的努力與堅強，即使冬天，她也還是會帶著髒衣服到資源班，動手清洗衣物。

給予合理起點，督促清潔維護

教導庭庭生活技能後，確實幫助她改善了身上的異味，可是衣服上的髒污卻始終沒有減少，每次帶來洗的衣服只要放進清水一段時間再拿出來，連搓洗都不用，清水就成了髒水。後來透過與庭庭的對談，發現庭庭的髒衣服與居家環境依舊無人理會，以致影響庭庭個人的整潔狀況。由於家中整潔問題相當棘手，我思索著有沒有誰可以幫忙？直到上網搜尋、打了幾通電話後，才終於找到一個有提供清潔服務的團體，便請志工至家中幫忙清掃環境，並鼓勵家人共同努力維護家庭環境的整潔。

定期晤談陪伴，抒發壓力與情緒

庭庭的聰明伶俐在各個方面都展現了出來，課業上面沒有什麼問題可以難倒她，洗衣服也相當能幹。然而在平時的對談中還是發現到，庭庭對於內心的感受，仍有很重的防備心；她非常清楚自己應該怎麼說話，就可以不暴露自己的心境與想法。平日裡觀察庭庭與同學的相處，會發現庭庭用了很多間接的方法來表現她的需要，例如：她嘴巴上會說：「我不要跟他玩就好了啊。」但行動上卻是去討好同學、幫同學做些事情。面對媽媽所產生的憤怒也是相同的，她一方面倔強地表達「我討厭媽媽」、「我不想原諒媽媽」……但心裡卻非常冀望媽媽的眼光可以放在她身上，但又不可得，於是便有了與媽媽對抗的行為。有鑑於此，每週我都會安排時間陪伴庭庭，希望能與她建立良好關係，深入了解她的想法與感受，期待能舒緩其心中的壓力與情緒。

從一位同學開始，重建人際關係

我在課輔班發現有一位女同學，對庭庭雖有所抱怨，但兩人的關係卻是良好正向的，她從不會刻意排擠或疏遠她，兩人的互動也是直來直往。有一次這位女同學甚至直接告訴庭庭自己不喜歡她做什麼動作，而庭庭也能夠接受。於是我便藉機引導，讓她學習到更融洽的交友關係，並將這種關係轉移到其他同學身上，不僅如此，也利用機會教育教導全班同學如何處理人際糾紛，營造出一個良好友善的互動環境。

— 庭庭的需求評估結果 —

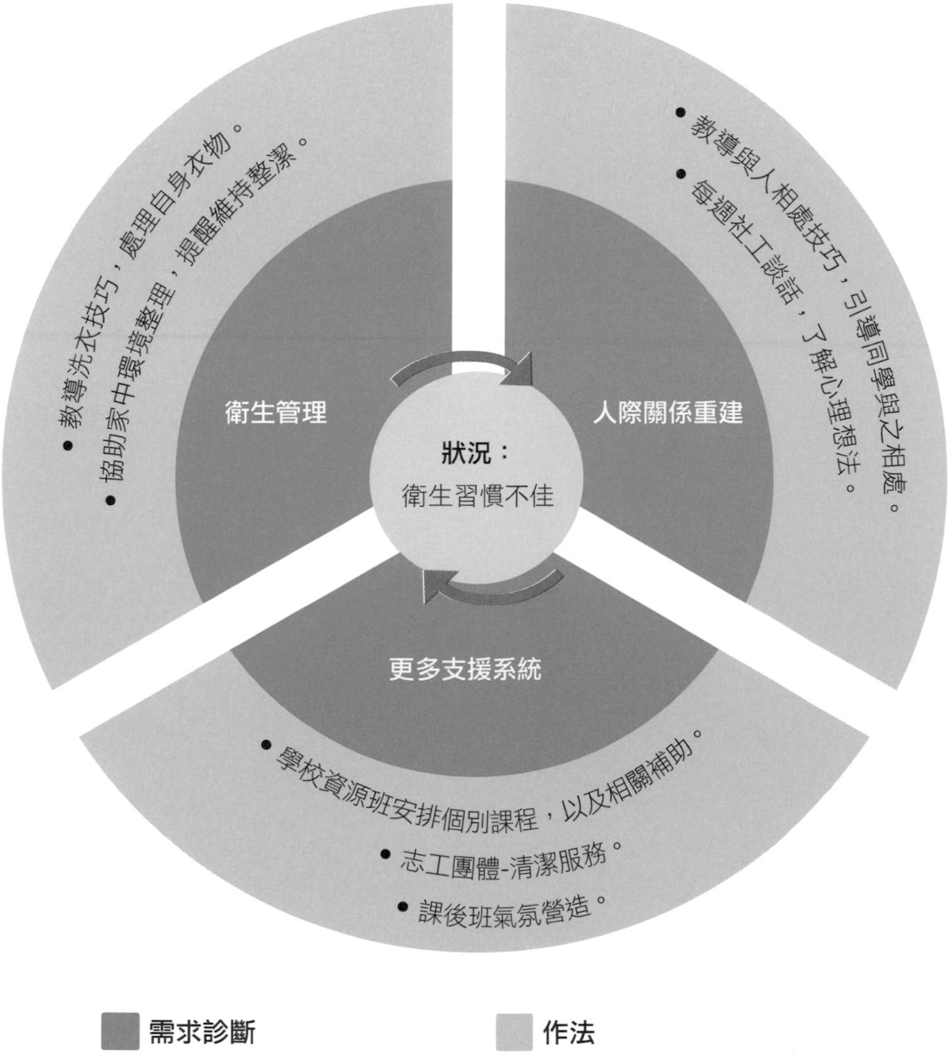
狀況：
衛生習慣不佳
衛生管理
人際關係重建
更多支援系統
• 教導洗衣技巧，處理自身衣物。
• 協助家中環境整理，提醒維持整潔。
• 教導與人相處技巧，引導同學與之相處。
• 每週社工談話，了解心理想法。
• 學校資源班安排個別課程，以及相關補助。
• 志工團體-清潔服務。
• 課後班氣氛營造。
需求診斷
作法

VOL.13

對自己負責

學習努力探出頭的小海龜

「我們有一個轉學生非常需要希望小學的資源，要麻煩社工老師去家訪，也請希望小學的社工老師去家訪時記得戴口罩！」

是什麼樣的狀況，讓孩子身處在沒有洗澡、衣服沒有換，從書包裡飛出很多蟑螂的情境呢？

第一次見到小海龜時，耳邊聽到的是他的班導說：「這轉學生的家庭的狀況較差，可能家裡生活環境不太好，孩子的衛生習慣問題導致人際關係不佳。也許小一也沒有好好學，連注音符號都不會，你們大學生課輔老師有辦法教嗎？我覺得他可能需要鑑定。」

此時，社工跟課輔老師都選擇用溫柔而堅定的口氣告訴老師：「我們一起努力試試看，或許孩子對學習感到無助、生活自理上也很無助，未來我們一起討論如何解決吧！」轉過頭來，小海龜正用試探的眼神打量我們，我摸摸他的頭說：「認真寫作業，前面是課輔老師，我是希望小學的社工老師。」

再度家訪，直視問題核心

學校擔心小海龜的出席狀況有可能很快就不符合我們的課輔規定，但為了讓他留住希望小學的資格，也想好好了解他的家庭，於是又再進行二次家訪。猶記，眼前的場景令人心疼，一開家門就撲鼻而來的異味，讓我們開始理解，這孩子為何會對味道沒有知覺、為何小海龜會說自己有洗澡，但是同學卻都說他沒有洗澡的原因。我們選擇收起驚訝與抱怨，開始著手研究如何改善，從時間管理、生活教育到居家衛生，每一步都想要努力與改變。

讓孩子有自覺，才有機會改變

家訪時，我們發現這個家庭沒有洗澡的習慣，家中的廁所做為儲物間，因而媽媽只能叫他用毛巾擦身體。所以小海龜不是「不願意」洗澡，而是從來「不曉得」為何洗、怎麼洗？更發現原來家裡的洗衣機壞了，所以沒有洗衣服的習慣，衣服就晾在室內，因此會有貓、兔子的味道，襪子脫了就直接塞進鞋子隔天繼續穿。猶記那天，我拿濕紙巾擦拭他的脖子時，孩子說出：「這是什麼衛生紙？為什麼涼涼、濕濕的？我的脖子有黑黑、黃黃的東西，好髒呀！」時，我有多麼的開心，因為，我們要的就是孩子自己先覺察問題在哪，他才能理解為何同學會說他很臭，接下來，才有機會改變！

我們這樣陪伴孩子

與小海龜相處的過程發現：「其實小海龜可以做到！我們都要相信他可以學習努力完成很多事情，不需要用跟姊姊一樣的照顧方式去教育他（按：姊姊目前就讀特教班，生活、學習都需要依靠母親協助）」我們觀察到小海龜只是需要有人陪伴他、教導他如何去做而已。我們也相信，也許，小海龜並不是可以馬上走入人群的孩子，他總是在教室默默地觀察學校周遭的一切；也許，他不知道怎麼寫作業、也不知道怎麼表達他的情緒，但老師深刻感受到，小海龜期待著有個像媽媽的老師，可以陪伴他、教他。

與學校合作，讓孩子學會自理

在定期的國語文指導訪視時，導師在討論中提出小海龜還是有沒有洗澡到的情況發生，永齡指導員提出了一個辦法：「借用學校資源班教室的廁所，教他怎麼洗澡。」因為身上的味道，已經影響到小海龜的人際關係，如果現在不開始改變，會讓他受到更多同儕壓力，變得更加畏縮。於是，在與學校的專輔老師協調了資源班的場地後，我們一起教導小海龜洗澡，讓他身上不再有味道，也不再總是低著頭，有了更多的自信去接近人群。

有一回，我們看見小海龜的後腳跟被鞋子磨破流血。原來，他只有一雙襪子，這天襪子還沒有曬乾，所以不能穿。於是我們和他約定：「你可以答應老師，練習主動跟媽媽表達你想要每天洗澡、洗襪子。如果你能做到的話，老師會送你一雙蜘蛛人的襪子喔！因為老師希望你開始喜歡『乾淨的感覺』我們一起練習，好嗎？」我們從孩子身上一步步地改變與調整，培養孩子生活自理的能力，期待孩子能照顧自己的生活，繼而慢慢地去影響家庭。

設計生活結構表，學習照顧好自己

希望小學第一堂國語文課程結束後，我感受到了小海龜想努力跟上進度，卻力不從心的失落。他一年級時幾乎沒有來學校上學，因為沒有穩定的學習基礎及出席率，進度落後同儕許多，連注音符號也不會，鉛筆盒裡更是連文具都不夠。

與課輔老師討論了許多方法，目的就是讓孩子喜歡上學習，能夠有自信地知道自己的價值。課輔老師用了小龜喜歡的顏色製作了一張「生活結構表」，將每天須要完成的事情寫在表中，例如：洗澡、整理書包、寫作業等等。每當做完一項，就將貼紙貼在欄目上，檢視自己今天是否完成。我們還會給小海龜一個目標，如果連續一個星期都達成了，就可以獲得一枝鉛筆或一塊橡皮擦，而我們從孩子的眼神中知道，小海龜得到的不只是一枝鉛筆或一塊橡皮擦，而是多了許多的自信！

生活教育課程與教案，減少標籤化

暑假的時候，我們利用時間設計生活教育課程，教導全班的孩子一起練習洗書包、洗衣服與打掃環境，在玩樂中學習，期待小海龜能把學習到的技能應用在日常生活中。我們幫他申請每天的早餐經費、買了新的衣服給小海龜，並且帶他去剪頭髮。期待在這個暑假，能有一個新的轉變與開始，當孩子自己體會到乾淨的舒服感受，孩子的改變才會長久。

在課堂中，讓孩子的學習習慣內化

當課輔老師說：「課本拿出來，上課了。」小海龜會馬上回答：「耶！我最喜歡上課了。」透過鼓勵的言語代替責罵，讓小海龜當小老師增進同儕關係，也增加上台分享作品的機會。這麼做除了提升他的自信心，亦同時建立獎勵制度，加強學習動機。此外，情意教育也是很重要的部分，課輔老師們會帶著學生，一起閱讀品格教育的相關故事，例如遲到小姐、懶惰先生等，讓這些觀念在閱讀情境中內化成孩子的習慣。

參與多元學習活動，孩子得到歸屬感

在多元活動—LIS科學實驗課程中，當小海龜喝到中高年級哥哥、姊姊調製的蝶豆花飲料、乾冰汽水時，露出滿足的笑容，告訴我說：「老師，你知道我今天很開心嗎？」進行多元活動－我們的自助旅行時，我們搭著公車前往大溪，他坐在我旁邊，興奮地說：「老師，你知道我今天很開心嗎？我從昨天就好期待跟希望小學的同學出去玩。」孩子的話，讓我更深信：其實小海龜需要的是陪伴，一個能陪著他學習課業、學習生活自理、學習了解自我的老師。「扣掉來回的車費後，我還有一百八十一元可以買什麼東西？」小海龜一路上都在數他有多少錢，可以買些什麼？這是他第一次旅行，他對於金錢沒有概念，此次的自助旅行嘗試放手讓孩子去執行任務，也讓小海龜有旅遊的生活經驗拓展視野。

在過年前，帶著小海龜參與鴻海的尾牙活動，姊姊前天得知弟弟有這個機會，搭遊覽車到台北玩，還可以看五月天跟買東西，在家跟媽媽吵著為何我不能參加！小海龜看在眼裡，跟我討論可不可以買姊姊喜歡的東西給她？當我們帶著他逛愛心園遊會攤位時，詢問他想買什麼回家分享給家人？有沒有現在特別想吃的東西？他告訴我：「其實我可以來就很幸福了，老師幫我準備早餐，還可以看演場會，就把愛心券都幫姊姊買隻娃娃好了，她一定會很開心的。」頓時，我們深深的感受到，孩子真的長大了！

看著小海龜一路以來的轉變，內心的感觸很深，一半是感動，一半是期待。從原本不敢抬頭看老師，總是因為害羞而畏畏縮縮，到現在可以很有自信地笑著上台分享；從拼不出、看不懂注音符號的失落，到現在成為班上的得力助手、教導同儕課業；從不敢接近同儕、老師，習慣被拒絕的心態，到現在能夠很自在地接近人群、分享自己的心情；從不知道怎麼洗澡、照顧自己的生活作息，到如今不需要生活結構表也能完成每天該做的事情。期許，小海龜能持續在永齡希望小學的環境及資源裡，成為更有自信的孩子。

— 小海龜的需求診斷表 —

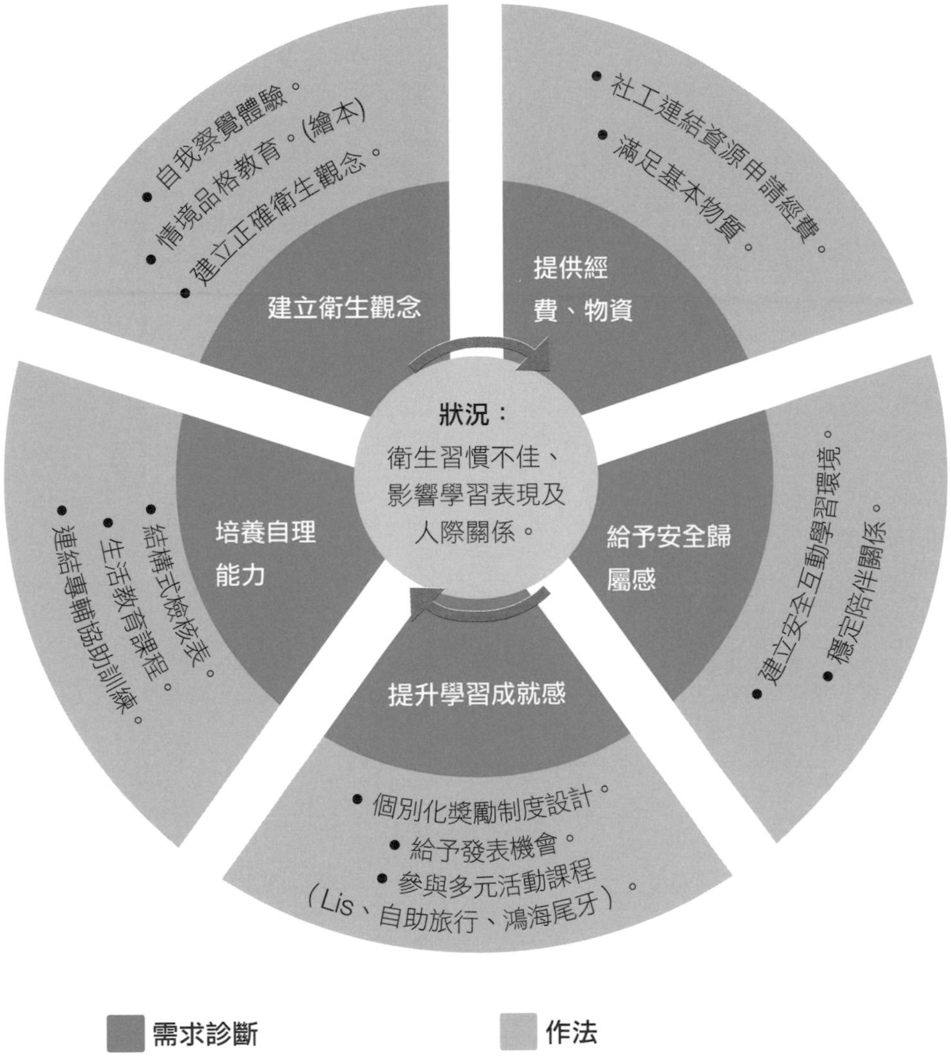
自我察覺體驗。
情境品格教育。(繪本)
建立正確衛生觀念。
建立衛生觀念
社工連結資源申請經費。
滿足基本物質。
提供經費、物資
狀況：
衛生習慣不佳、影響學習表現及人際關係。
建立安全互動學習環境。
穩定陪伴關係。
給予安全歸屬感
結構式檢核表。
生活教育課程。
連結專輔協助訓練。
培養自理能力
提升學習成就感
個別化獎勵制度設計。
給予發表機會。
參與多元活動課程（Lis、自助旅行、鴻海尾牙）。
需求診斷
作法

VOL.14

與負向行為說再見

佇立在電線桿上的小烏鴉

「姐姐，可以借我這支筆嗎？」小烏鴉向課輔班的同學詢問，下一秒則立刻翻臉，氣惱到完全不理睬課輔老師的關心，只因為同學不想借他那支筆。

「我不喜歡阿祖，也不喜歡爸爸。」

「我只喜歡三年級的導師，她像媽媽一樣。」

小烏鴉回應社工詢問放學後有沒有回家的問題，雖然沒有正面的回應，但這兩句話的背後，隱藏更深藏的涵義。

「社工，之後要請課輔老師多協助小烏鴉的生活常規，他較自我中心，也容易以自己的意見為主，時常與班上同學發生口角或肢體衝突，甚至影響上課。」第一次與導師訪談，導師細心說明小烏鴉的在校表現，也提到小烏鴉晚上和週末很常在同學家『生活』，跟同學的媽媽十分熟悉，也很自然地在同學家裡用餐。

愛亂飛的小烏鴉，喜歡別人家

有一次星期六小烏鴉從早出去到晚，曾祖母擔心小烏鴉的安全，緊急打電話請學校協助找人。還好，社區小，鄰居大概也多認識，也有學校老師住在這社區，透過大家的幫忙，很快也就找到小烏鴉。

社工家訪時，關心孩子在家裡的生活狀況，爸爸管教小烏鴉的生活和學習都較放任，曾祖母無奈地說：「自己的孫子和曾孫，還是只能幫忙，也不知道怎麼辦？」社工簡單分享要堅持原則，但言談之中，可以感受到曾祖母因疼愛爸爸和小烏鴉而無奈。

調皮又不配合的小烏鴉

「妳是誰啊？為什麼今天要來這邊寫考卷？妳想做什麼？」這是小烏鴉看到社工的第一句話，感受到他似乎啟動內心的防衛機轉，防備著接下來的一切。考試完畢後，社工向小烏鴉說明今天的目的，也請他多多指教，小烏鴉則說：「桌上的文具盒是要給我的嗎？」社工點頭並告訴他是第一次的見面禮，他轉頭就走出教室。後續的關係建立，面對社工的關心寒暄，也時常會說：「不知道！」

小烏鴉在課輔班上課期間，也偶爾會因為玩遊戲輸了，而不想繼續加入遊戲，或者遊戲中搶著出頭、作弊、挑戰規則，因此，造成老師上課中斷，同學與之發生衝突，小烏鴉此時直接落淚，表示受到委屈，並且堅持不退讓。

在分校辦理的品格教育營隊時，相見歡活動請小烏鴉繪製自己的名牌，小烏鴉微惱並開始把整個名牌都塗黑，小隊輔口頭制止並詢問為什麼時，他更是用力塗，而後社工靜靜在旁陪伴，見他表情柔和下來，整張名牌也變黑色，跟他開玩笑說：「哇！帥氣的小烏鴉名字被遮住了，怎麼辦啊？」，他才說「我又不喜歡畫畫，為什麼一定要畫？」原來，如果我們沒去探究原因，或許我們會以為，小烏鴉又來了，他真是調皮又不配合。

衛生習慣差、髒髒的小烏鴉

課輔老師曾和社工討論，小烏鴉身上的衣服很髒、流鼻涕用衣服擦、耳朵都是耳垢……衛生習慣有許多可以改進的空間，有一次暑假課輔，小烏鴉的鞋子因為練習跳舞而開口笑，接連兩天也不見他換鞋，小烏鴉似乎覺得無妨，曾祖母也覺得衣服可以穿就好，髒黃與否並不造成穿在身上的不適。

我們這樣陪伴孩子

「我們都會定期蒐集家中的二手物資，並送過去小烏鴉家，但曾祖母和爸爸不會去時時留意到衣物破損的部分，也沒有教導小烏鴉如何自理。」學校師長們說著小烏鴉家最大的困境，所以，孩子不是不願意做，而是不知道怎麼做。

訓練生活自理能力

第一次的暑假課輔，小烏鴉的午餐能吃大約兩個便當，甚至更多，別人不吃的肉也都會塞給他，課輔老師多次觀察他的飲食習慣，發現他總是狼吞虎嚥、挑食，因此，我們開始與小烏鴉分享均衡飲食的好處，也限制飲食的時間，讓他能夠細嚼慢嚥。

此外，透過分校舉辦品格教育營隊，主要是為了提升學童食、衣、住、行、育的禮儀能力和認識，小烏鴉從活動中，學習到怎麼吃才健康均衡，衣服要怎麼整理，自己的空間和書包要怎麼收納及清潔，大眾交通工具的認識，自我情緒探索等，小烏鴉活動後，也跟社工說：「我很喜歡今天跟大家一起玩，也學習到很多知識。」一次性的活動學習不足以深化到小烏鴉的生活中，社工也請課輔老師持續引導小烏鴉相關的學習。

提供曾祖母教養方式建議

社工與小烏鴉分享儀容的整潔與否，會影響人際關係。也與曾祖母溝通小烏鴉的身體發展，考量需要更換鞋子，進行資源盤點與連結時，發現家中並不缺乏物資，早餐也有固定的店家配合取餐，意識到隔代教養對於身體整潔的認知有落差，以及只有提供資源是不能讓小烏鴉學會如何自理，因此，課輔老師教導和訓練小烏鴉自我檢查服裝儀容、自備衛生紙擦鼻涕等，並留意他的穿著和身體整潔，也適時讚美他：「今天穿得很乾淨、是很帥的小烏鴉。」社工也跟曾祖母分享家事一起做，讓他仿照學習。也發現，後續可加入檢核表，訓練他自我管理和負責的態度。

老師及同儕示範典範行為供模仿

希望小學與共玩創作公司的停格動畫課程，也是讓小烏鴉學習團體生活很好的媒材。課輔老師於暑假課輔時，引導孩子自己分配工作任務，並且合作自製一部停格動畫影片，影片製作過程中，小烏鴉時常因為討論未按照他的意思進行而生氣，或者遇到他不喜歡的任務就不想配合大家，於是，老師時常個別晤談，先關懷、平復孩子的情緒，透過提問引導並訓練孩子陳述事件的能力，讓孩子進行自我澄清，避免小烏鴉認為自己是受害者，此外，課輔老師針對該事件，運用角色扮演，由課輔老師詮釋剛才的行為和合宜的行為分別可能導致的後果，給予小烏鴉思考怎麼做比較好，並追問小烏鴉下次有類似事件該怎麼做，讓他感受以不適當的行為讓別人順從，並不是有效溝通，反而會讓同學會對小烏鴉更反感。

給予正向具體讚美

課輔老師適當的自我揭露有助於小烏鴉於情境中思考與仿效，有一次，適逢母親節，課輔老師設計卡片製作的課程，課輔老師自我揭露與家人的互動方式和歷程，小烏鴉十分仔細地聆聽，製作卡片時十分投入，卡片也轉贈給家人。而後，也安排製作蝶豆花、巧克力課程，讓孩子學習炊具使用、食材調配，並將自己製作的成品帶回家與家人分享，介紹如何製作，拉進家人距離。課輔老師也會適時口語鼓勵：「小烏鴉做的成品很成功，也能體貼家人，帶回去與家人一同享用。」

給予多元課程，學習分工合作

「我很喜歡來課輔班，因為有朋友，也有老師，有很多人陪伴，功課也可以寫完。」小烏鴉與課輔老師下課閒聊時，說著自己為什麼喜歡來課輔班，課輔老師也反問對於學習補救課程的感受，小烏鴉則說：「這裡學的都很簡單，我可以一直進步，而且可以學很多不一樣的內容。」課輔老師向小烏鴉說明希望小學的教材是符合孩子學習的設計，他其實能夠舉一反三、英語發音十分清晰標準，但是有一點點「愛偷懶」、「容易分心」，「我會多多叮嚀你，也會陪著你一起跨過學習的難關。」社工與課輔老師也有共識，安排萬聖節、聖誕節的英數學習單、桌遊融入課程，引發小烏鴉的學習動機。

暑假課輔，小烏鴉與同學一同參與夏日「英」雄挑戰賽的英語團體賽活動，從團隊合作中，學習聽從發號司令者的口令，以及如何調整自己、配合團隊。當團隊獲得第一名並參加中區決賽、夏日英雄大會師時，小烏鴉更是興奮地跳起來，但訓練的壓力也讓他一次次的失敗又再爬起來，學習忍耐和堅韌。而外出比賽也讓小烏鴉增廣見聞，第一次搭乘高鐵到台北三創，感受都市生活的步調，對他而言，是一個難得的經驗。

社工、學校、心理師系統合作

「社工，我覺得小烏鴉似乎把我當成媽媽了！」課輔老師擔心小烏鴉有太多的情感投射，也發現他內心渴望女性長輩的呵護，對比男性課輔老師，小烏鴉在女性課輔老師面前也相對柔軟，因此，社工建議課輔老師適度保持距離，同時，也針對他的心理狀態申請心理諮商服務計畫，也安排女性心理師服務。

服務初期，小烏鴉較有防備，先透過諮商關係建立，心理師蒐集小烏鴉生活各層面資訊，協助他勇敢說出內在的感受和想法，學習自我表達及與人溝通，練習適切的人際互動技巧。心理師晤談的過程中，也發現家庭規範薄弱，導致在學校不易遵守規則，對課業學習興趣低落，因此，心理師透過繪畫、桌遊、繪本、打球等與他互動，並連結到孩子的內心世界。此外，延宕滿足逐步訓練耐心、順從，進而達到自我情緒管理；同時，讓小烏鴉自我負責、產生自我價值。小烏鴉在服務結束後，較能自己專注投入於一件事情中，對於人的防備也降低，也愈來愈能表達自己內在的想法。

諮商的過程中，與導師密切合作的額外小收穫：隨時討論個案近況，立即調整晤談內容，傾聽及協助導師抒壓，與導師分享諮商互動的模式，幫助導師有新的策略可以運用。

建立穩定陪伴關係

「小烏鴉，你要去哪裡呢？怎麼沒有跟老師說？老師會擔心你的安全及去哪裡，老師沒有辦法想像班上少了你，我要怎麼上課？校園割喉案的新聞你知道嗎？外出有一定的風險，也因此要懂得預防、求救。如果你剛才直接跑出去，我一定會焦急地一直找你，然後請學校廣播找你。」課輔老師在課堂中訓練報備的習慣，並且嚴格執行，搭配班上獎懲制度及口頭鼓勵。同時，直接告訴小烏鴉步驟：「請你回座位，然後按照我說的做，舉手報告、等待老師同意、確認返回時間、離開。」後續，再與小烏鴉思考由家裡外出要怎麼做，以連結到由家裡外出也需要事前告知家長。

社工也與曾祖母分享小烏鴉自己陳述時常造訪的幾戶人家，並且請小烏鴉取得對方同意後，索取這幾戶的聯絡電話，然後提供給曾祖母。同時，課輔老師與小烏鴉建立默契，彼此有需要可以互相聊聊天。「社工，小烏鴉學習進步空間很大，他也很喜歡跟我聊天、分享心事，我不認為他是大家口中描述的惡魔，而是一位天使。」課輔老師在學期末跟社工分享，也說著期待繼續陪伴孩子走下去。

小烏鴉的需求診斷結果

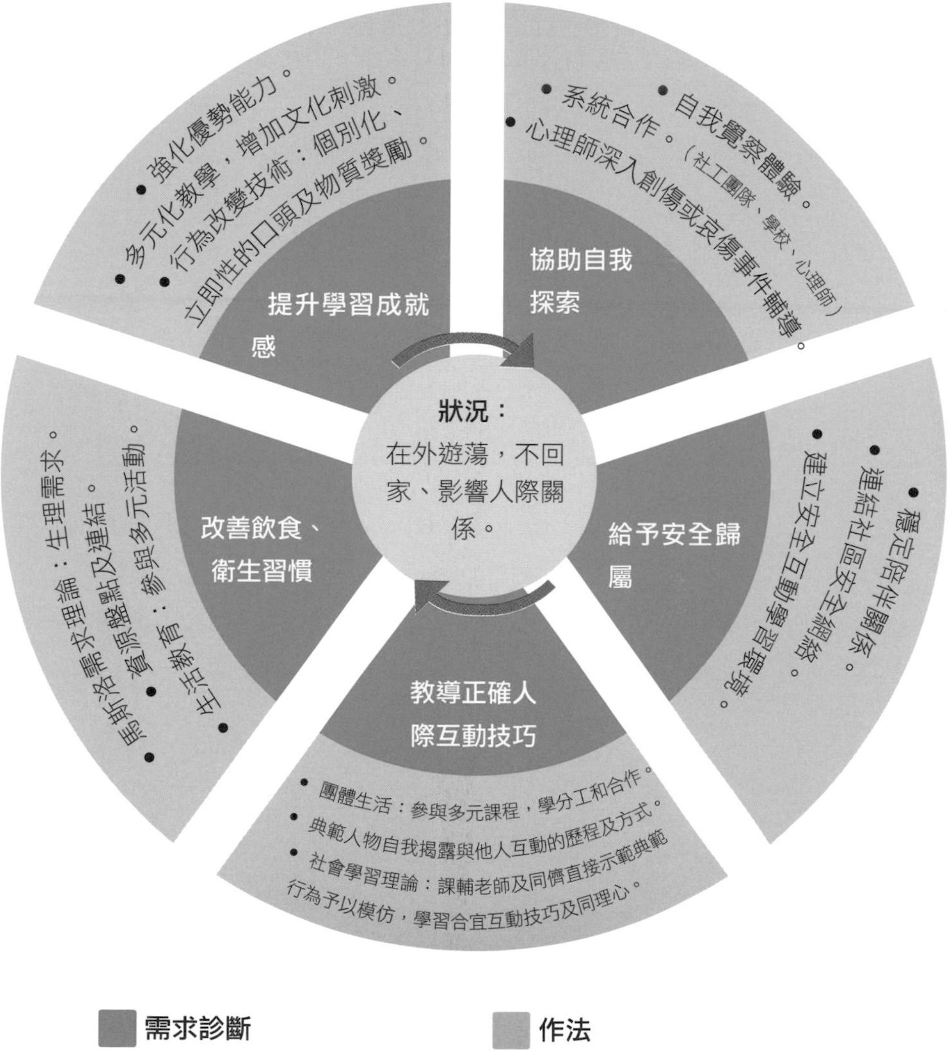
狀況：
在外遊蕩，不回家、影響人際關係。
提升學習成就感
強化優勢能力。
多元化教學，增加文化刺激。
行為改變技術：個別化、立即性的口頭及物質獎勵。
協助自我探索
自我覺察體驗。
系統合作。（社工團隊、學校、心理師）
心理師深入創傷或哀傷事件輔導。
給予安全歸屬
穩定陪伴關係。
連結社區安全網絡。
建立安全互動學習環境。
教導正確人際互動技巧
團體生活：參與多元課程，學分工和合作。
典範人物自我揭露與他人互動的歷程及方式。
社會學習理論：課輔老師及同儕直接示範典範行為予以模仿，學習合宜互動技巧及同理心。
改善飲食、衛生習慣
馬斯洛需求理論：生理需求。
資源盤點及連結。
生活教育：參與多元活動。
需求診斷
作法

VOL.15

新生的蒲公英，開朗地飄揚著

從自殘枷鎖中掙脫的孩子

「社工，他用美工刀在劃自己的手，好可怕！」女同學尖叫著。

小英反而劃的更起勁，課輔老師也嚇出一身冷汗。

「吼，社工，我又沒有請他幫忙，他很奇怪耶！」

他的熱心助人，總是惹來同學的抱怨，以及自己一身傷。

「社工，我常被其他老師質疑，我對小英太鬆。我不嚴格要求課業，反而期待他發揮他的能力。」學校老師說著小英對於機械方面很有天賦、興趣。

「小英在班上的學習，基本上都是當客人，雙手一直東摸西摸，停不下來。班上有一個好朋友，但那個孩子是一個『人人好』的人，除了這個孩子之外，就沒有比較要好的朋友了。」

「在小英一年級時，爸爸曾疑似管教過當，導致小英下意識暴力傾向，當情緒上來時，會拿美工刀自殘，所以要請課輔老師特別留意，如有緊急狀況請立刻到辦公室請行政人員支援。」

第一次與導師碰面時，導師耳提面命著。那時的小英三年級。課輔班的第一堂課，社工詢問小英為什麼會想到希望小學課輔班，他靦腆說：「嗯～～因為我想進步！」

課輔幾週後，小英開始跟不上其他同學的學習速度，時常喊著：「我很笨、我不會……」專注力每況愈下，情緒也因此容易被引爆，不想加入同儕學習，同學也討厭他的不配合，第一次在課輔班的自殘行為就發生了。課輔老師回憶當下：「小英用美工刀劃傷自己的手腕，微微滲出鮮紅的血，班上同學大聲呼喊，我自己也嚇出一身冷汗，只有小英不發一語，冷眼看著一群驚慌失措的同學，我帶到保健室包紮後，他露出一抹笑意說：『你們太大驚小怪了。』」

我們這樣陪伴孩子

「社工，我發現小英在剪紙時，十分有創意，雙手也非常靈巧，他今天還幫忙同學製作呢！」某天，課輔老師跟社工分享著小英的作品，我們彷彿找到改變的希望，也說著要再多觀察小英的興趣和優勢。

某次的導師座談會中，導師自述觀察到小英對於機械方面的課程十分感興趣，並鼓勵他和同學一起參加機器人比賽，也用這個比賽當成誘因，用來鼓勵孩子學習，小英也喜歡與導師分享機械相關的知識，像是在家自己學習焊接，同時，也搭起導師和小英之間溝通的橋樑。社工也察覺到「我們必須相信孩子是有能力的，而且要協助孩子發現和相信自己的能力，並且引領孩子發掘自己的能力。」

設定個別化學習目標

「老師，我跟你說，這是我參加機器人比賽得到的獎牌。」小英一進課輔班就拿著獎牌跟課輔老師分享喜悅。

於是，小英的個別化教學目標，其中一項就是讓他能在老師的任務下發揮優勢，設計摺紙、剪紙……等課程，也運用自走車融入課程，同時，鼓勵他參加分校辦理的樂高機器人營隊，漸漸地，小英遇到挫敗也較能與情緒共處，冷靜下來思考如何調整，而不是放棄。

與小英互動之中，我們才想到，一昧禁止他使用美工刀是錯誤的，雖然限制住行為，但是小英仍舊是自卑，因此，讓孩子認識自己擁有的能力，不膽怯面對自己的缺點，進而正視自己的缺點，並努力改變。

數學是小英最排斥的科目，我們給予個別的學習目標，課程內容安排分段分量且多實際操作，適時給予喘息時間，並於暑假課輔，運用希望小學研發的國語文教材，增加小英注音和國字識字的訓練。

小英在英語科目則是字母音韻覺識能力不足，他能A到Z順暢寫出二十六個字母，但老師念出T時，小英卻遲遲無法下筆，因此，詢問專業的英語老師，改以較生活化、孩子有興趣的主題來設計學習單、桌遊、節慶活動等，先引起動機，讓小英容易記憶。設計課程時，考量到小英的生活少變化或外出旅行，因此增加文化視野列為其中一個目標；邀請外國交換生與孩子進行一場文化交流、節日活動體驗。課輔老師與社工分享：「小英在外國人面前雖然害羞，但也能勇敢說出幾句英語喔！」

增加優勢能力的展現機會

「社工，今年的夏日英雄比賽道具，小英幫了大忙，展現高超的剪紙、組裝、製作，同學雖然口頭不說，但是開始會主動與他說話和邀請小英一起玩了。」課輔老師欣喜若狂地描述觀察到的微妙變化，進而也重塑同學對小英的看法，而小英也成為了班上的「笑話達人」。

社工平時也會幫忙蒐集機器人比賽的資訊，有一回，社工得知無動力投擲機器人比賽的活動訊息並轉知給小英和家長，媽媽表示小英充滿信心、躍躍欲試，而小英與父母長期缺少親子溝通的機會，於是，我鼓勵媽媽帶著小英報名、詢問相關資訊等，也讓他學習如何引薦自己；雖然最後，媽媽因為當日需要工作而與小英討論暫不報名，小英也回饋媽媽：「你很辛苦，我可以下次再參加。」我跟媽媽分享「這也是一種人生的學習，小英從這次活動報名中，和媽媽一起找資訊，這不就是家庭的復原力嗎？」

引導表達情緒、訓練紓壓技巧

「小黃，妳是豬嗎？妳是不是豬？」小黃忿忿不平地跑來向課輔老師告狀，課輔老師發現小黃覺得小英人身攻擊，但小英卻以為是好玩、笑話，可以吸引大家的目光。了解事件始末和雙方想法後，開始反問小英，但他都回應：「不知道」，或選擇沉默。我們認為這是很好的機會教育，課輔老師與小英一起角色扮演，讓小英感受對方的心情，期待小英能夠慢慢學習同理，並且觀察老師的直接行為示範，以及課輔老師自我揭露與他人互動的歷程。

「老師，為什麼他們都不跟我玩?」、「老師，他們說我靠他們太近?」小英很常詢問課輔老師這類問題，我們發現孩子並沒有覺察到自己的行為不恰當且讓人覺得不舒服，當無法透過課輔老師的問話讓孩子反思時，就直接示範給孩子看，讓小英學習與人相處的互動界限、身體界限和自我保護。

「社工，培訓課程中的舒壓按摩球，我想給小英試試看，讓他有壓力或情緒時使用。」課輔老師與社工分享希望小學師資培訓所學習到的方法，社工表示若能以此替代或降低自殘行為，是非常好的策略，也提醒課輔老師事先界定使用規則和時機。而後，發現小英只要情緒起伏、寫考卷有壓力等，就會拿出按摩球來按壓。

心理師深入輔導

社工經過導師、家長同意後申請心理諮商服務，期待藉由心理師輔導，引導小英探索自己的內心世界，以及協助重要他人改變管教方式。心理師一開始透過對話開啟小英自我覺察，也從中發現小英對於爸爸的崇拜和疏離感十分衝突，因此，心理師提出與導師開會，彼此交流與小英的互動模式及效果，導師也表示獲得很大的助益。

心理諮商服務的介入，牽起社工、導師、家長三方的手，也協助社工和課輔老師在與小英互動時，能夠考量更多的背後原因，以及思考彼此間的對話方式；同時也讓小英敞開心胸，接納自己與家庭的不完美，正向思考如何讓家庭更好，同時，小英與同學的對話前也較會思考是否合宜，或者詢問課輔老師這句話會不會讓別人受傷。

示範正向親子互動模式

心理師服務過程中，也安排家長的晤談。晤談當天，心理師也跟媽媽分享許多事件處理的小技巧，如：當孩子犯錯，請先站在孩子立場並詢問原因，再來處理；也示範如何邀請爸爸與小英互動。

平日課輔時，小英如主動提到和妹妹吵架、阿公和爸爸爭執……社工和課輔老師也會趁機了解小英對於在這些事件中的角色、心情及想法等，並與小英分享自己如何處理，而後和他討論出一個模式：先離開現場讓自己冷靜→換位思考→尋求協助，避免他再以傷害自己或暴力行為面對狀況。

課輔團隊與家人密切聯繫

「社工、老師，我們好開心妳們校慶來學校看我們！」小英興奮說著。即使小英畢業了，我們還是會聽到或看到小英最近的生活及學習，可見師生關係建立之深厚，而孩子也有了最寶貴的人力資源。

「媽媽，最近小英在國中的生活都適應嗎？」「媽媽，聽說妳工作導致腰受傷，目前復原狀況呢？」社工與媽媽建立良好的關係，媽媽有任何問題也會打電話跟我討論，偶爾也傾聽媽媽生活上的壓力等，因此，社工和社工團隊、專案負責人等也成為媽媽教養上的百寶箱，進而提升教養功能。

課輔老師曾對著社工說：「社工，雖然課輔過程酸甜苦辣，但小英其實很單純、天真，課輔的過程中，小英也讓我學習成長。」課輔老師看待小英是如此的美好，他就像是一朵含苞待放的蒲公英，只要我們細心給予養分，總有一天會自由自在地飄揚。

— 小英的需求診斷結果 —

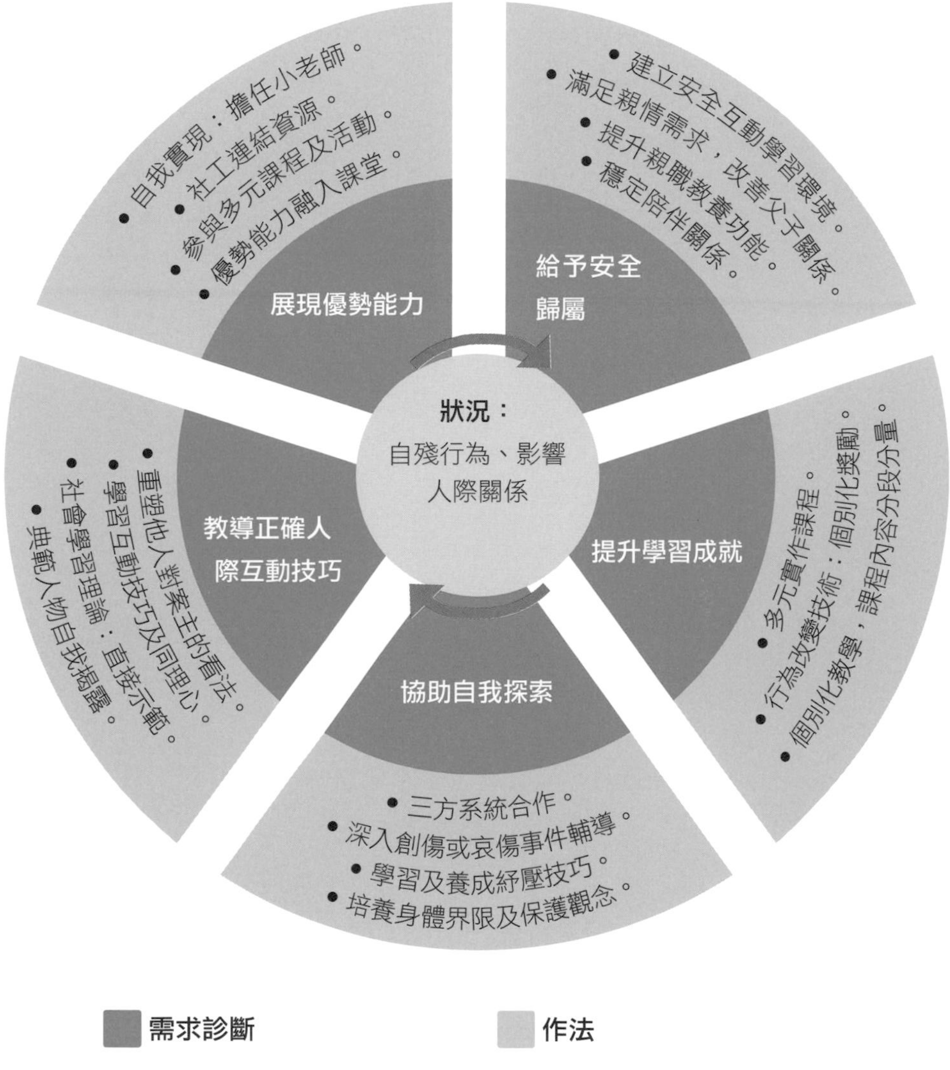
狀況：
自殘行為、影響人際關係
展現優勢能力
自我實現：擔任小老師。
社工連結資源。
參與多元課程及活動。
優勢能力融入課堂。
給予安全歸屬
建立安全互動學習環境。
滿足親情需求，改善父子關係。
提升親職教養功能。
穩定陪伴關係。
提升學習成就
多元實作課程。
行為改變技術：個別化獎勵。
個別化教學，課程內容分段分量。
協助自我探索
三方系統合作。
深入創傷或哀傷事件輔導。
學習及養成紓壓技巧。
培養身體界限及保護觀念。
教導正確人際互動技巧
重塑他人對案主的看法。
學習互動技巧及同理心。
社會學習理論：直接示範。
典範人物自我揭露。
需求診斷
作法

VOL.16

尋找幸福的方法

不因挫敗經驗而退縮的雯雯

「社工，我不喜歡雯雯、他也不喜歡雯雯，我們都不喜歡雯雯，可不可以不要跟他同一班！」

孩子氣憤的宣洩心中積累許久的情緒，希冀能得到解答。

若成全了孩子的期望，真的能解決孩子間的戰爭嗎？

而若是持續不變動，是否會引發更多的戰火呢？

兩難的抉擇，是否有更好的處理方式呢？

「大家好！我是雯雯！目前就讀三年級，希望可以跟大家相處愉快。」彼此熟悉的課輔班中，新增了一名新生，也是唯一一個三年級，缺乏同儕的陪伴，期許自已能儘早融入班級之中，因此雯雯積極的製造與學長姐的相處機會，但使用的方法錯了，雯雯在上課時間不斷提問、開啟話題，不只影響了班級秩序，也打擾了學長姐的學習，需要不斷提醒他要專心，仍得不到平靜，落下第一個不滿的種子。

積極交友卻不懂方法的孩子

炎炎夏日，學生們殷殷期盼的夏日英雄榜終於到來了，去年初嘗冠軍滋味的學生們，已經蓄勢待發準備再次拿下最大獎，練習期間，總是能注意到雯雯跟不上的舞步，落拍的歌聲，連最簡單的走位，都能屢次犯錯，每每一結束，學長姐總是積極有耐心雯雯需要提醒改進的部分，也一一協助修正錯誤的舞姿，但總是得不到應有的效果，仍是不斷犯相同的錯誤，讓學長姐感到十分的無力。而當課輔老師嚴格要求時，雯雯卻能展現零失誤的表現，回歸到平常練習時，又恢復成錯誤連連的狀況，重複的輪迴了幾次之後，學長姐開始懷疑他是故意的，而並不是學不會，落下第二個不滿的種子。

「我不強迫你們喜歡雯雯，尊重個人選擇，但我期望你們能做到和平共處。」在社工的要求下，學長姐雖然對雯雯充斥著不滿，但仍盡力控制住自己的怒氣，減少相處、避免衝突，希望達成社工的期許。而雯雯為了引起他人的注意，時常去碰觸他人的肩膀，或是在耳朵旁大聲的唱歌，長期的不滿累積，終演變為衝突，在下課時間，學姐忍受不了他不斷的在耳邊大聲喊叫，選擇不再與雯雯遊戲，其他同儕也隨著停止遊戲，雯雯因被忽略而心有不甘嗆學長姐：「我要帶你們去辦公室，我要讓你們上天堂。」學長姐不悅的回：「走啊，誰怕誰。」因此雯雯帶著學長姐一群人在校園繞著，讓學長姐認為自己被耍，而讓憤怒達最高點，引起小朋友的紛爭，而這場衝突隨著上課鐘聲的響起而暫停，但雙方的火氣卻未停止，而是燃燒得更狂妄。

與雯雯的單獨會談之中，逐漸地了解他內心渴望，在一個陌生的環境之中，更需要他人的陪伴，加上缺乏建立良好人際關係的技巧，讓交朋友變得困難，屢此的失敗經驗更讓他挫折，只能透過誇張的行為舉止引起他人的注意，卻本末倒置引起他人的反感。雯雯本性善良且懂事、熱心願意助人，只是被錯誤解讀的外在行為影響了對其的評價，如何協助他適當地展現自己的美好的一面，是師長們欲解決的問題。

家中缺乏同儕提供互動經驗

因父母離異，雯雯由母親負責撫養，而母親近年來受癌症之苦，並被判斷為末期，身體狀況不理想，時常需要住院觀察，大多時間都由祖父母協助照顧，祖父每天都因洗腎緣故，幾乎整天都需要躺在床上，所有家務事都落於祖母身上，而祖母曾因癌症而割掉一部分肝臟，無法做較吃力的工作，僅能做一些簡易的家事，家中無人可以工作養家，僅靠政府資源、學校補助以及街坊鄰居的資助，維持家庭生計。

與家人的對談之中，提到雯雯為家中唯一的孩子，鄰里又無年紀相仿的玩伴，顯得孤獨，缺乏與人相處的經驗，推測是難以融入班級的起因，因此在與家人溝通之下，連結心理師之資源，期盼能提供協助。

我們這樣陪伴孩子

社工對於課輔班的情形，包括雯雯與學長姐的相處，以及人際關係的互動模式，於每週一次定時與雯雯個別會談，討論與他人相處模式之調整、英雄榜學不會的部分如何改進、以及如何修復關係，以具體的人際關係技巧作為示範，並舉出班級上人際關係較佳的學姐作為模仿對象，給予明確的指示而有修正的方向，在改變的過程中，社工承諾會一直相伴並適時提醒，不讓雯雯有孤獨作戰的感受。

社工定期會談，給予支持及努力的方向

首先，引導雯雯先以不故意碰觸他人、不去捉弄他人為主，減緩戰火的蔓

延；夏日英雄榜學不會的部分，則利用下課時間看舞蹈影片或者請課輔老師協助指導，並利用提詞將舞蹈重點記下，讓雯雯回家後能繼續作練習等等方式，期望能展現積極練習的態度改變形象，逐步地釋出善意，修復與其他人的關係，在新學期後，雯雯的改變逐步地減少衝突，由於之前與他人的隔閡已產生，更需要時間改變。社工不定時地肯定其努力，明確指出雯雯與之前的變化，給予更多改變的動力。

引進心理師資源，提供專業的協助

近年來，雲科分校推動諮商輔導計畫，提供心理師的協助，讓永齡提供更完整的服務，在各方共同討論之下，為雯雯申請了心理師服務，透過專業的諮商服務，以及專屬的抒發窗口，讓雯雯增加歸屬感，並藉由心理師的協助中，減輕家庭所給予的壓力、增進人際關係技巧。

每周四的下午總是雯雯最期待的時光，站在教室外的心理師總會親切呼喊他的名字，一同進入屬於他們的祕密時光，隨意暢聊自己的生活點滴，不擔心被否定，從遊戲中得到生活中的啟發，每一次的晤談結束，雯雯總是快樂的邊跳邊走的回家，展現他對於今日的幸福程度。

而社工、課輔老師以及心理師在晤談後的討論，提供心理師更詳細的情形，共同目的只為了讓雯雯變得更好。一次一次的晤談下，發現了雯雯的明顯進步，與班上的互動日益改善。

申請相關補助，減輕生活壓力

雯雯家之前因有荒置田地而無法申請各項補助，家境清寒的狀況一直無法獲得協助，本學期終於透過村里長協助通過低收入戶的申請，學校則提供學費以及午餐的補助，而街坊鄰居持續地提供生鮮蔬果供三餐的來源，現有的社會資源有家扶及慈濟之介入，若有其餘符合條件的社會資源亦會持續地協助申請。

營造友善環境，包容與關愛

社工與課輔老師共同合作，協助與其他學生溝通，同理學生們的心情，不勉強學生與雯雯關係融洽，先以減少衝突為主，並適時地告知關於社工目前的處理方式，了解此事仍不斷被處理中，而社工邀請學生們靜待雯雯的改變，請以全新的心境去與蛻變的雯雯相處。

課輔老師藉由課輔時間，多元活動之中帶入包容以及給予二次機會等相關活動，讓雯雯能有友善的環境，有充足的時間能夠調整，也不因受挫而減少改變的動力。

— 雯雯的需求診斷結果 —

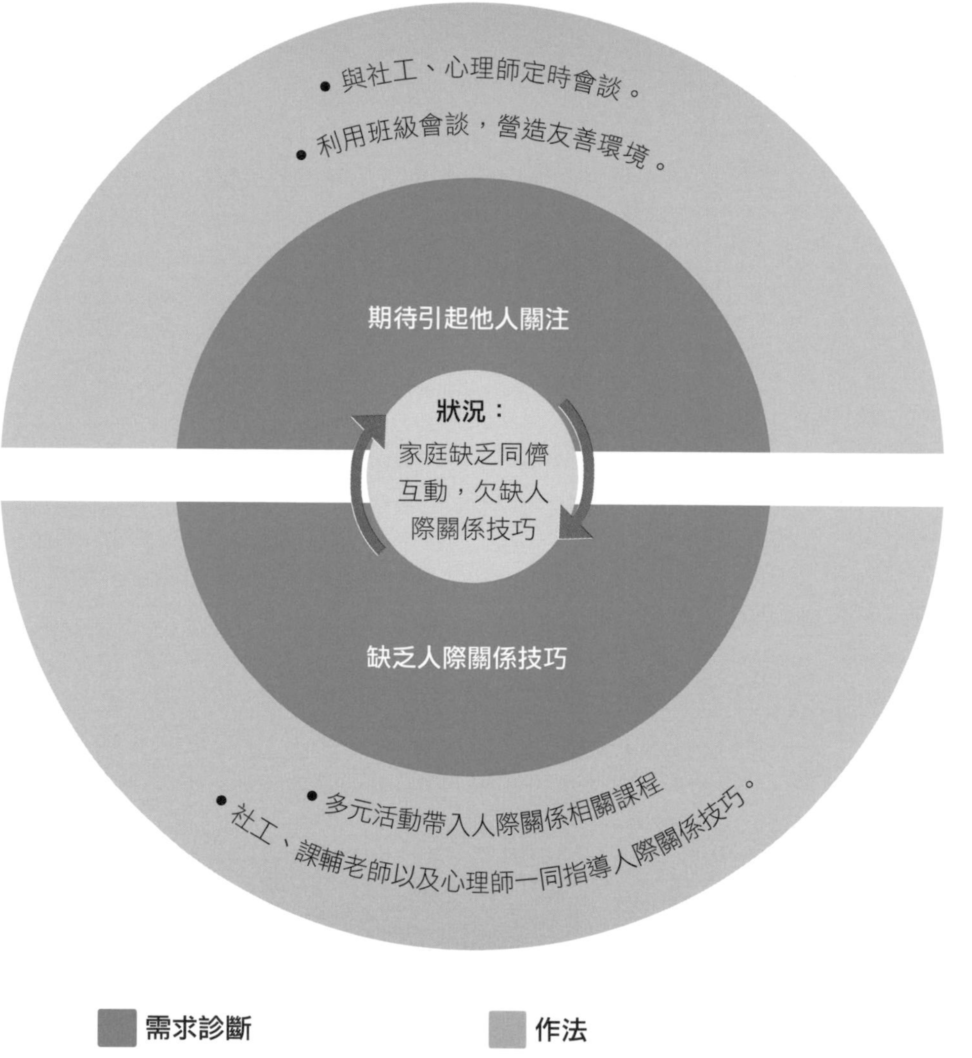
• 與社工、心理師定時會談。
• 利用班級會談，營造友善環境。
期待引起他人關注
狀況：
家庭缺乏同儕互動，欠缺人際關係技巧
缺乏人際關係技巧
• 多元活動帶入人際關係相關課程
• 社工、課輔老師以及心理師一同指導人際關係技巧。
需求診斷
作法

第三章

陪孩子度過情緒風暴

拆解情緒背後的真實需求

VOL.17

雨後的彩虹

啟動內在力量，復原的小紘

「社工，小紘的媽媽心肌梗塞，凌晨緊急送醫，目前生命垂危。」

小紘導師說道。

話筒另一頭的我，完全無法相信。

和小紘媽媽過往的相處畫面歷歷在目。

那溫暖的笑容，輕聲的問候，熱情的招呼……

不敢置信這件事竟發生在小紘媽媽身上。

認識小紘媽媽約四年了，一開始小紘的哥哥小采也是課輔班的學童，兩兄弟僅相差兩歲，個性卻迥異，小采文靜內向，小紘活潑天真，說起兩個兄弟的表現，媽媽時而露出甜蜜的笑容，時而眉頭深鎖，兩個孩子一聽到媽媽說起自己的事情，便害羞地在媽媽身後躲了起來！

正要開始的幸福，卻突發意外

小紘媽媽是一位新住民，與小紘爸爸結婚多年後，因為價值觀與宗教信仰無法契合，幾經溝通後便辦理離婚，兩兄弟則由小紘媽媽撫養。在小紘三年級的時候，那天剛好是課輔班的親師座談會，小紘開心地跑過來跟我說：「今天我爸比會來喔，爸比對我們很好，都會帶我們到處去玩！」

「咦！小紘爸爸媽媽復合了嗎？」我心裡納悶著想。

原來父母離婚後，小紘媽媽經友人介紹，認識一位疼愛她的男人，兩人後續也結為連理。這個家庭多了一個關心他們的人，孩子們的生活愈來愈穩定，笑容也愈來愈多，連學習表現也愈加進步。此後，每到課輔班，總能聽到兩兄弟分享著家裡的生活點滴，孩子們的臉上，散發出幸福的氣息，我自己都能感受到這股暖意。

幸福，卻沒有為這兩兄弟多停留一些時日，就在小紘五年級的那年秋天，天氣漸漸變冷了，那天，電話鈴聲驚擾正忙碌登打個案紀錄的我。

「社工，我是小紘的導師，小紘的媽媽心肌梗塞，凌晨緊急送醫，目前生命垂危。」

「怎麼可能！」我的心裡有好多好多的聲音，不斷地迴盪在我耳邊，突然，小紘天真的笑顏也出現在我的眼前。

「小紘呢？孩子現在在哪裡？他還好嗎？」身為小紘社工的我，沒有時間悲傷，趕緊著手處理孩子相關事宜。

歷經三個月的醫療救護，小紘的媽媽仍然離開了。兩個孩子經過公部門的安排與協調，交由親生爸爸來照顧。

「不可以！不可以讓親生爸爸帶走！」小采的國中導師強力抗拒這個安排。

「爸爸年輕時疑似有吸毒的狀況，這樣怎麼會適合照顧兩兄弟？萬一他們染上這樣的惡習該怎麼辦？」小采導師皺著眉頭低聲地說道。

爸爸的改變，撐起了家

做為社工的我，非常能夠理解導師的擔憂與不捨。因為在初次家訪時，我就聽聞小紘媽媽說過爸爸年輕時曾有吸食強力膠的習慣，但是多年過去了，爸爸改變了嗎？

孩子和爸爸生活的第五天，社工等待課輔結束後，陪同返回爸爸的租屋處探視居住環境，並等候小紘爸爸返家。小紘爸爸以往都一個人，自然就簡單租了一個小雅房獨立生活，屋內擺設簡單，僅為一張雙人床、衣櫃、書桌，牆角處堆積著爸爸抽過的菸蒂。社工問小紘：「和爸爸生活的這幾天，爸爸跟以前有不一樣嗎？」

小紘說：「爸爸以前很愛抽菸，一天最高紀錄到二十支菸，但我有跟爸爸說抽菸很臭，也對我們的身體不好，希望爸爸可以慢慢減少抽菸的次數，後來爸爸有答應，現在真的一天降為只抽五、六支菸。」

小紘還說到，爸爸每天都會接送他及哥哥上下學，由於租屋處無法下廚，三人都是外食居多，但爸爸也會詢問兩兄弟對於飲食的喜好；而家務的部分，也都是爸爸協助整理及清洗衣物，小紘自己小小聲地說：「爸爸其實對我們還是很好！」

遠處傳來機車的引擎聲，小紘開心地說：「爸爸回來了！」見到爸爸接送小采一起返回後，他開心地衝出門大喊：「爸比，社工來了！」立刻衝到爸爸的身邊，親暱地拉著爸爸的手。

眼前的爸爸和我初次家訪時看見的那個男人不太一樣，雖然面容略顯疲態，但精神及笑容比以前來的多。爸爸自述：「或許我不是個好丈夫，但我想努力做好父親的角色，孩子的媽媽不幸離開了，我現在是孩子唯一依靠的人，我自己不照顧他們，那又會有誰愛他們呢？」

我相信眼神裡的堅定是騙不了人的！

我們這樣陪伴孩子

自媽媽離開後，小紘一如往常每天準時到課輔班學習，與同儕相處也是有說有笑，不同的是，眼神不時流露出悲傷的神情，看著遠處若有所思，但不一會兒又馬上集中精神學習，小紘從未在課輔班哭泣，或是訴說自己的事情。不久，班級裡開始傳言出小紘很冷血，媽媽過世了，為什麼還每天正常上學？為什麼小紘都沒有大哭？小紘好奇怪唷？

尊重孩子處理悲傷的方法，規劃同理心課程

漸漸地，班級裡也瀰漫一種詭譎的氛圍，同儕開始慢慢疏離小紘。我們期待營造同理包容的溫暖環境，教會孩子們學習尊重他人的想法及做法，也容許自己

有悲傷的機會。於是，社工與課輔老師運用繪本及影片分享同理心的概念。再者，藉由社工及課輔老師的生命故事引導孩子，尊重每個人表現哀傷的方式，也告訴孩子：「我們不是小紘，沒有任何一個人可以評斷他的情緒表達方式。」做為同學，你可以選擇漠視、繼續排擠，也可以選擇陪伴他度過這個最難過的時刻。

設計情緒角落，鼓勵參與活動

我們也告知小紘不須刻意壓抑自己的情緒，若有突如其然的情緒，請小紘可以告訴課輔老師，也可以到教室後方整理自己的情緒，等準備好了，再回座位。小紘慢慢地逐漸敞開心胸，也會主動告訴課輔老師他想念媽媽，並利用繪畫抒發自己的情緒。期間，我們不斷地記錄小紘的表現，並給予正向的鼓勵與肯定，同步跟爸爸及導師分享，更鼓勵小紘分享自己的長處。課輔班上的同儕也看見小紘很努力的表現，逐漸活出自己的光彩，反而很佩服小紘對生命的堅韌。

辦理多元活動時，我們鼓勵小紘踏出家庭及校園，參與不同的活動或是營隊，增加自己的見識，從中結識更多不同的夥伴。活動過程中，我們看見小紘努力投入的精神，他也逐漸展開笑顏。

資源盤點及連結社福資源

爸爸自從和小紘兄弟一起生活後，生活更有幹勁，社工也隨時留意並盤點案家資源狀況，從中連結服務資源。爸爸甚至為了給予兩兄弟有更好的生活，換了較大的租屋空間，讓兩兄弟各自擁有自己的房間，對此，我們也經常邀請小紘分享家庭生活，也告知小紘，爸爸為了給予兩兄弟更好的生活條件，一個人兼兩份工作，因此平時應與哥哥分擔家務工作，也減輕爸爸的辛勞。小紘也笑著說，為了體諒爸爸的辛勞，經常幫爸爸按摩，平時爸爸太晚返家，還會主動電話提醒爸爸注意安全。

小紘更是興高采烈地告訴社工，他們週末去台中旅遊，也和爸爸的朋友享用了一頓美味的大餐，孩子對於久違的旅行感到特別開心，爸爸也允諾小紘只要有空會盡可能地陪伴他們。

持續關心爸爸，給予肯定

我們也經常電話關心小紘爸爸的工作近況及生活，並肯定爸爸付出與努力，小紘爸爸說：「我不會為了工作犧牲與孩子相處的時光，所以一定會週末排空時間，帶孩子們到處走走。」

相信每一個人都有自己想望的那片天，即便眼前烏雲密布，唯有傾盆大雨過後，才會綻放炫彩奪目的彩虹。

加入專業心理師，啟動諮商

在小紘六年級下學期，表現一如往常的他，慢慢地對很多事情似乎提不起興趣來，而這樣的他，也讓我們好擔心，於是，運用了內部的諮商輔導計畫之資源，藉由心理師每週一次的晤談，了解小紘的悲傷情緒是否有較為緩解、父子之間的情感連結狀況，以及孩子的自我價值等感受。

小紘對於每次的晤談，都充滿著高度的熱忱，更是每次都準時地到輔導室等候心理師的到來，心理師運用遊戲治療，發掘到小紘的另一面，如：內心細膩，重視他人感受等內在特質，並將這些特質分享於永齡社工、小紘爸爸及導師，讓我們更能理解他的內心世界。心理師也觀察到，小紘面對挫折時有自己獨到的因應方法，如：睡覺、玩遊戲轉移注意等，在生活中能為自己創造快樂。晤談期間，也多次談及與父親正向的互動過程，亦可感受到小紘自我內在能量是豐沛的，且有自我復原的能力。

法國大文豪普魯斯特（Marcel Proust）所說：「我們只有在徹底經歷過後，才能從傷痛中痊癒。」如同文中的小紘而言，喪親的失落帶來的巨大傷痛都不是局外人的我們可以取代的，就像是身體上的傷口，心裡的傷口同樣需要時間來等待復原。面對這樣的孩子，除了給予支持和包容，提供足夠的空間來讓他經驗和釋放悲傷的情緒，更應該在他身旁，耐心的陪伴。或許就像是成長一樣，任何形式的失落都可能是成長的一部份，不必去抗拒和壓抑，也無法抄捷徑快速通過，唯有徹底經驗與面對，才能夠真正的復原與成長。

—— 小旋的需求診斷結果 ——

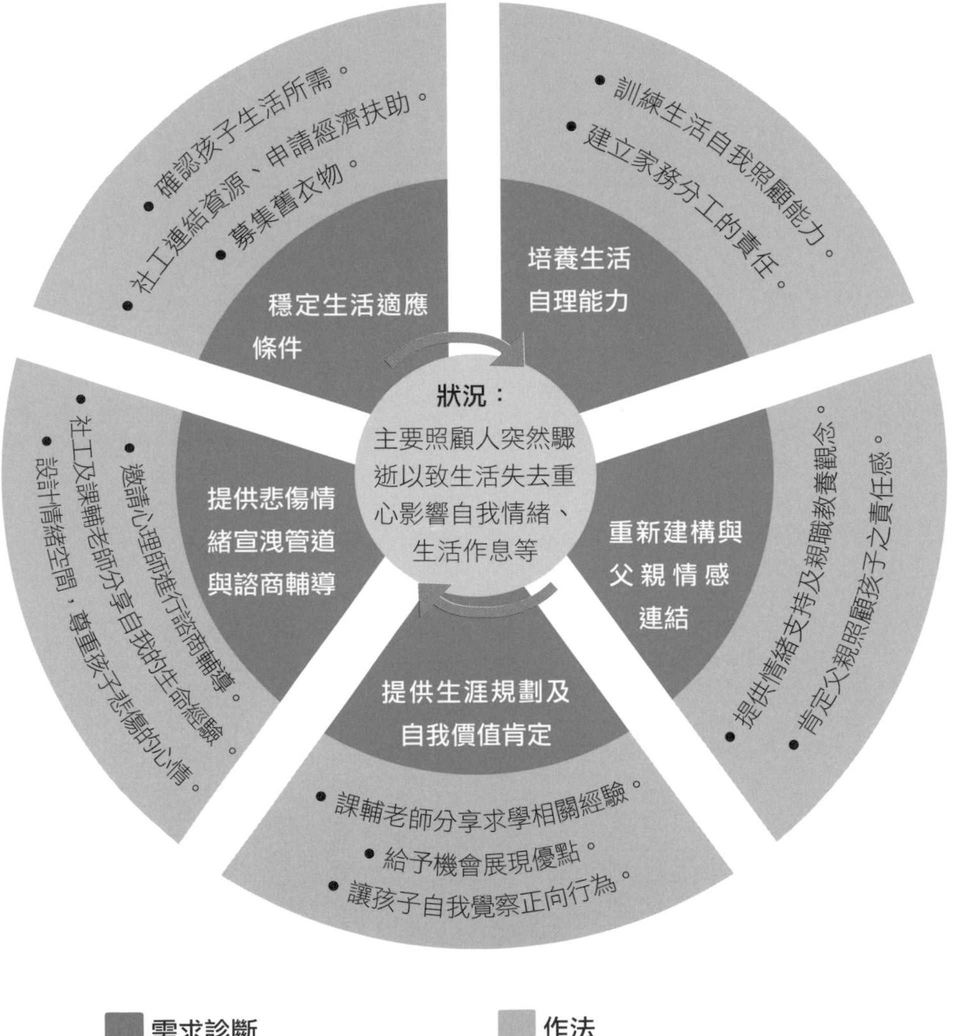
狀況：
主要照顧人突然驟逝以致生活失去重心影響自我情緒、生活作息等
穩定生活適應條件
• 確認孩子生活所需。
• 社工連結資源、申請經濟扶助。
• 募集舊衣物。
培養生活自理能力
• 訓練生活自我照顧能力。
• 建立家務分工的責任。
重新建構與父親情感連結
• 提供情緒支持及親職教養觀念。
• 肯定父親照顧孩子之責任感。
提供生涯規劃及自我價值肯定
• 課輔老師分享求學相關經驗。
• 給予機會展現優點。
• 讓孩子自我覺察正向行為。
提供悲傷情緒宣洩管道與諮商輔導
• 邀請心理師進行諮商輔導。
• 社工及課輔老師分享自我的生命經驗。
• 設計情緒空間，尊重孩子悲傷的心情。
需求診斷
作法

VOL.18

有了哆啦A夢的大雄

戰勝憤怒與零分考卷

總是憤怒、哭泣的葉大雄，也總是拒絕參與學習，「我不會！」是他最常說的一句話。

讓孩子願意重新面對學習，是我們的重要任務。

在嘗試過許多方法之後，才找到大雄心裡的「哆啦A夢」，於是，答案就不再那麼遙遠。

「我不要、我不會！」是大雄在二年級的時候進入希望小學班級中，最常說的話。平常大雄在上課時總是積極參與大家的討論，老師的提問也很願意回答，只是在遇到數學練習題、國語注音考試時，就會趴在桌上，抱著自己的頭說：「我不會！」就開始等待老師或同學的協助，第一次大雄抗拒時，老師與大雄約定：「這次老師陪你，一起把考試做完！但下次你要自己努力哦！」但下次進入練習時間時，大雄又低著頭，抱著習作說著：「我不會！我不會！」

持續抗拒、逃避考試的大雄，有時候連有趣的遊戲、闖關，也選擇放棄。在一次的上課中，他看到黑板上的題目很簡單，原本興沖沖地要上台要大顯身手回答問題，不料因為緊張，寫錯了！這讓他在台上不知所措，即使老師給他時間，他仍丟下一句：「我故意寫錯的！」便跑下台，趴在桌上不發一語。

孩子的敏感與突如其來的情緒

三年級開始課業也愈來愈難，課業上的挫折感讓大雄變得易怒，有一次因為分組時因沒有與喜歡的同學一組，他便氣呼呼地跺腳，跑回座位上，把桌上的書和文具都推翻在地，趴在桌上什麼話都沒有說。大雄的敏感還不只是這樣，在班上舉凡猜拳猜輸了或是玩遊戲規則搞錯被糾正，甚至是因為遲到沒有被加到分等等小事，這些風吹草動都可能會引起大雄像海浪一般的情緒。

每次大雄的情緒像海浪來的快又急，老師總向大雄說：「我們知道你很生氣，給你一點時間，如果你準備好了，就回來上課。」班上同學也從一開始的厭惡大雄的行為到後來同學們只要遇到他生氣，也會學習老師的典範，並且告訴大家：「大雄生氣了讓他休息一下！」或許是這樣的包容與有愛的班級風氣建立，大雄逐漸發生改變。

在家裡也同樣敏感

當社工家訪時，大雄的奶奶跟社工說：「大雄是很乖的小孩，在家裡都會主動做家事，也很努力照顧妹妹！」從奶奶的表情看來，大雄平常在家裡是貼心的哥哥也是家事的小幫手，可是一說談到學習，奶奶的眉頭就又皺了起來。「常常看到大雄跟他爸鬧脾氣，躲在一邊不願面對作業。」奶奶說。抗拒面對困難的個性，無論在學校還是家裡都一樣。

大雄爸爸向社工反應：「我也很想把他教會！但他就是教不會，常常妹妹都會了他還沒學會，所以教到後來我也都會生氣，他就跟我賭氣，什麼話都不說！」

社工看著大雄爸爸，還沒來得及回應，爸爸接著說：「我現在齁，不要求他有沒有學到，至少把作業完成就好。」

我們這樣陪伴孩子

大雄的學校原本因為交通距離的關係，不在希望小學的服務系統中，但因我們因應孩子的需要，依著「結合在地資源協助在地孩童之精神」一〇六學年度開始，結合社區資源，發展社區課輔服務，在分校力量的推動下，結合在地志願服務人力與學校力量，期許成為社區兒少服務據點之推手，培養社區社工與課輔人力，建構社會安全網。

在社區課輔班補救教學的過程中，大雄一開始是不認為自己能學會的，在過去不斷失敗的經驗底下，即使是很簡單的題目，還是直覺想放棄，但老師知道，現在使用的教材是適合他的，原本大雄面對有關書寫的活動時，總是說：「不！我不會寫！」下個動作就是趴在桌上等待老師協助，不過隨著時間以及系統化的教學流程，最後大雄漸漸地對於書寫習作及考卷有了動機，甚至習寫的時間愈來愈快，現在已經可以自己獨力完成了！

多元活動給予表現的機會

在一次的多元活動中，老師們讓孩子自己決定旅程的目的與交通方式、用餐地點，孩子們討論出要搭大眾運輸工具到稍遠的大公園，大雄當天一直很開心，只要有任何能發揮的地方都搶著自願，搶著幫大家導航、幫忙收用餐剩下的垃圾，幫忙同學拿東西，同學們都很感謝他的熱心，也建立了大雄與老師之間除了課堂上的關係。

抽離教室環境的學習機會是很重要的，因為每個人本來就會有他更喜歡更能發揮的地方，志工老師與社工都很慶幸這個班上保有這樣良善的氛圍，同學之間即使偶有情緒失控但會互相體諒，減少攻擊與傷害就能讓失控減少發生，無論是與老師還是與同學之間。

面對學習時的情緒處理

在大雄的學習態度漸漸開始改變時，爸爸的態度也開始有所不同，一次大雄爸爸遇到社工，向社工表示：「大雄回家之後寫作業的積極度有變比較好！謝謝老師對大雄的照顧。」

「不客氣啦！每個孩子都需要家長和老師一起努力能有所進步！」社工回答。其實無論什麼樣的孩子，在學業剛起步的國小階段，是建立孩子對於學習的觀念建立的關鍵期，不一味用責罵與情緒作為教條，嘗試用正向支持技巧來做為準則，孩子自然會有更多的自我效能感，為來在面對問題解決問題時也能較不退縮，達到我們希望建立的解決問題能力。

找到哆啦Ａ夢，建立有歸屬感的環境

在許許多多次上課的嘗試、多元活動的經驗之中，對於大雄的逃避與敏感的情緒，社工和志工老師每次下課都不斷在討論，思考著我們怎麼做可以找到適合他的方式，但我們的大原則是：「這個孩子是喜歡學習的，而且是極度需要關懷與照顧的」每次都保持原則，調整上課方式，慢慢的，大雄也漸漸可以接受習題與考試的時間，從原本一、兩題就會放棄到後來已經可以獨力把一張考卷完成。

除此之外，最讓人開心的是，漸漸的他也積極的提問：「老師，這題我不會，快來！」剛開始聽到這個提問時，社工與志工老師相視而笑，很難想像在過去看到題目就躲避的大雄，對於解題也那麼感興趣了！

後來大雄也開始都會固定找某個老師，看到課輔老師就好像看到哆啦Ａ夢一樣，像哆啦Ａ夢一樣能一起把問題都解決；像哆啦Ａ夢一樣，總是可以帶來許多希望感，讓大雄覺得自己在學校不只有挫敗，而是有更多成功的可能性！

雖然大雄看起來還在依賴課輔老師與社工的用心，從教室裡獲得成就，但是，最重要也是最珍貴的事實是，他幫自己找到住在他心裡的哆啦A夢，那個能幫自己解決難題、幫自己克服困難的自己。

— 大雄的需求診斷結果 —

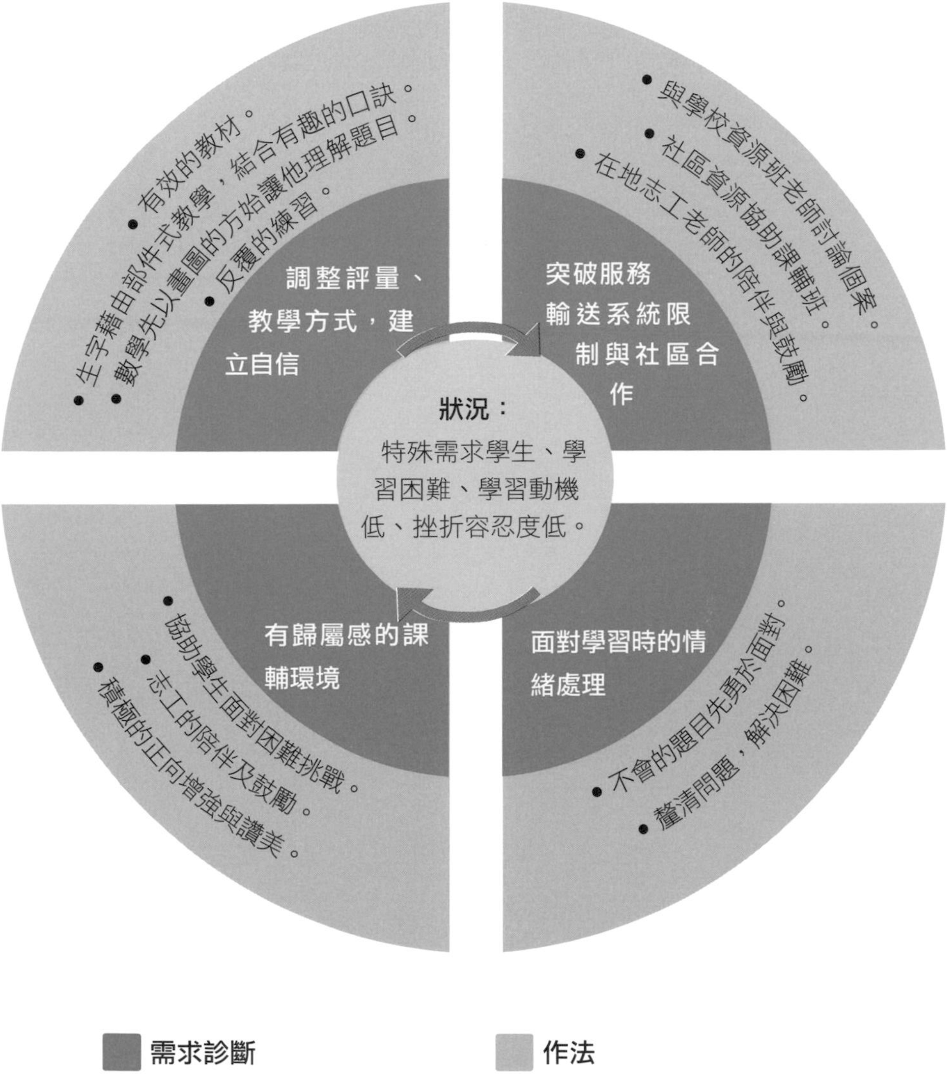
● 有效的教材。
● 生字藉由部件式教學，結合有趣的口訣。
● 數學先以畫圖的方始讓他理解題目。
● 反覆的練習。
調整評量、教學方式，建立自信
● 與學校資源班老師討論個案。
● 社區資源協助課輔班。
● 在地志工老師的陪伴與鼓勵。
突破服務輸送系統限制與社區合作
狀況：
特殊需求學生、學習困難、學習動機低、挫折容忍度低。
有歸屬感的課輔環境
● 協助學生面對困難挑戰。
● 志工的陪伴及鼓勵。
● 積極的正向增強與讚美。
面對學習時的情緒處理
● 不會的題目先勇於面對。
● 釐清問題，解決困難。
需求診斷
作法

VOL.19

擁抱刺蝟男孩

學會情緒處理，重新找回笑顏

還記得野餐那天，小刺蝟拎著東西跟我一起走在隊伍最後面，

他突然問我：「老師，你喜歡我嗎？」

對於小刺蝟突如其來的提問，我有些驚訝，

但下一秒我馬上給他肯定的回答，讓孩子確認被愛著。

好讓這個小刺蝟，將身上的刺一根一根卸下。

小刺蝟在三年級時跟著哥哥一起進入希望小學，初進班時只要老師在全班面前糾正小刺蝟，他就會有情緒，伴隨著情緒常出現暴力或是負向的行為。生氣時會摔東西、槌桌子及衝出教室，甚至曾坐在二樓窗台上作勢要跳下去。他身形雖瘦小，但力氣非常大，很好動，無法好好地聽別人說話，即使在教室外一對一跟他聊天，總是打岔問其他問題，或只說自己想說的話，不正面回應提問。常有上課到一半站在椅子上、發出聲音或離開座位干擾上課，讓課輔老師很是頭痛。

失控、攻擊行為，包裹著憤怒與不安

某天，小刺蝟一到課輔班便有些浮躁，不願意寫習題，也不願意聽老師講解，在班上到處走動干擾同學，課輔老師小綠板起臉來嚴肅地請小刺蝟回到座位，沒多久發現他開始收拾起書包，因他過往情緒失控時曾直接離開校園，小綠老師見狀先起身將前門關上，轉身詢問小刺蝟要去哪裡，這個舉動讓他情緒爆發，將書包摔在地上，兩手不斷捶窗戶。老師擔心小刺蝟受傷，上前阻止竟反遭他咬手臂及用力拉扯頭髮，場面一度失控。小綠老師考量已接近放學時間，請同學們先收書包排路隊，想留小刺蝟一人好好跟他聊聊，沒想到他趁著老師跟同學講話時背著書包衝出教室，離開了校園。

防衛的刺，來自失落及不安全感

四年級上學期我開始接觸小刺蝟，聽課輔老師及學校主任轉述，小刺蝟的家庭有一些困難。媽媽單親沒有工作，獨自照顧四名子女，因大姐重度身障，最小的弟弟才將滿三歲，媽媽心力都放在照顧大姐及弟弟身上，對小刺蝟及哥哥難免比較疏忽。兄弟倆在還沒進入希望小學之前，時常在外遊蕩，媽媽並不會主動找他們，他們不是到朋友家玩到很晚就是在公園遊蕩，常常是警察巡邏帶他們回家。據學校轉述，只有提到補助或是物資的時候才聯絡得到媽媽。

衝突事件發生的隔天，我到班上觀課，小刺蝟像往常一樣進到教室，並照著該班另外一位課輔老師阿寧的規定，把聯絡簿交到前面，坐回位置完成指定的作業，眼前的他讓我很難與小綠老師口中的小刺蝟連結。

觀察一段時間後，我趁著空檔請小刺蝟跟我到教室外，那是我第一次跟小刺蝟單獨聊天，我們到走廊上圖書櫃旁的小椅子坐下，小刺蝟似乎是知道我想問他什麼，他先發制人拿了一本恐龍圖鑑，指著圖片開始問我各種龍的名稱。在陪著看完一頁圖鑑後，我輕聲請他把書放好，我問他：「你昨天有受傷嗎？」此時他拿了另外一本書，側身對我搖搖頭。我告訴他小綠老師很擔心他，希望他沒有受傷。他突然把衣服掀開讓我看，小刺蝟的側身有一條約十公分的結痂，我擔心的問他傷勢怎麼來的？他說是騎腳踏車跌倒，接著說小綠老師之前有幫他擦藥。我好像可以感受到他對小綠老師的抱歉，只是他說不出口。小刺蝟雖然無法好好與我對談，但他確實傳遞了一些訊息給我，包括他渴望被關注、被愛。

我們這樣陪伴孩子

在跟小刺蝟聊天的過程中，只要有提到情緒相關，我會再重述並跟他確認，像是：「所以當老師請你回座位的時候你覺得生氣」、「當媽媽忙著照顧弟弟沒有空理你的時候，你會有一點難過是嗎？」聊天當下小刺蝟的情緒狀態是穩定的，我告訴他情緒沒有對跟錯，老師知道生氣難過的時候很難受，這個時候可以試著先暫停正在做的事情，深呼吸幾次；趴著休息或是到教室後面冷靜一下；想哭就哭，哭並沒有不好，這也是情緒發洩的一種，但是哭完之後，還是要勇敢面對問題，老師們會陪著你，跟你一起練習。

運用情緒卡，教孩子處理情緒

再隔一天又到了小綠老師的課，老師一如往常親切的跟孩子們一一打招呼，也包含小刺蝟。老師沒有因為前天的事件責怪他或不理他，趁著下課空檔，老師將寫好的信交給小刺蝟，信中提到衝突當下老師的感受及擔心、老師其實有看到小刺蝟很多表現好的地方，並在信的最後問他：「你願意跟老師一起努力、一起成長進步嗎？」下一次上課小綠老師明顯感受到小刺蝟的轉變，他一到班上竟然主動拿出作業詢問老師，也願意安靜地坐在位置上聽課。

兩位老師們開始在班上使用情緒卡，孩子們一到班先在白板貼上自己今天的心情，讓孩子們學習辨識自己的情緒，也讓老師們即時了解孩子的狀態，趁空檔或是下課時間與孩子們聊聊。

小刺蝟情緒爆炸的次數逐漸減少，有次阿寧老師發現他生氣時竟回到位置上深呼吸好幾次，過一段時間後又開始拿起筆寫題目。這樣的轉變看在我們眼裡是既感動又不捨，感動的是，他把老師跟他說的話聽進去，並且正在努力嘗試；不捨的是，小刺蝟過往究竟經歷了什麼？讓他用這樣激烈的方式表達他的情緒。

正向同儕互動與安全、有歸屬感的環境

班上同學原先其實不太接近小刺蝟，對於他情緒失控似乎也見怪不怪。小綠老師趁著小刺蝟不在班上的時候告訴其他同學，小刺蝟在處理情緒上需要花比較多時間，也還在學習，每個人在處理情緒的方式跟速度都不一樣，沒有好或壞，大家要跟老師一起幫忙他。

被兩位課輔老師稱作天使的孩子們真的都很純真善良，也都把老師的話聽進

去，在小刺蝟生氣的時候不過度關注他，等他情緒平穩時，他們甚至會主動邀小刺蝟下課時一起玩，讓他覺得被接納，漸漸融入班級。

小刺蝟在課輔班的狀況愈來愈穩定，表現良好時，課輔老師會在全班面前大力稱讚；需要改進時，老師不會責罵，溫柔而堅定地跟他說，並再次叮嚀全班一起注意。透過分組教學讓小刺蝟跟同學一同學習，增加與同學之間的互動。指派任務給小刺蝟，讓他有機會幫忙同學，建立成就感。某次的多元活動，大家到附近的公園野餐，出發時小刺蝟主動拎著野餐的用具跟餐點，同學們看到後稱讚他力氣很大，老師也誇獎他主動幫忙拿東西，當時他的臉上盡是藏不住的笑意。

屬於我們的會心時刻：老師們的信

有機會我都會跟小刺蝟聊聊，聊他最近發生的事、他的感覺。跟小刺蝟互動發現他很多貼心的地方，像是我曾經說過他的傘很大感覺很好用，放學如果遇到下雨，小刺蝟一定會默默走到我旁邊撐起他的大傘，邀請我一起走到校門口。參加鴻海嘉年華時，為免孩子們在人群中走散，我不斷提醒大家要跟好老師，每次轉身總是看到小刺蝟緊緊跟著我，之後他主動擔任起小隊長，到每一個定點都幫忙清點人數。第一次看演唱會的他難掩興奮表情，我笑著問他感覺如何？他大聲地回答：「好像作夢一樣，好開心！」

偶爾聊天時他還是會打岔，無法靜下心來跟我對話，我就效仿小綠老師寫信，把我看到他的進步跟改變，透過文字告訴他。還記得野餐那天，小刺蝟拎著東西跟我一起走在隊伍最後面，他突然問我：「老師，你喜歡我嗎？」對於他突如其來的提問我有些驚訝，但下一秒我馬上給他肯定的回答。我想小刺蝟是需要透過言語來確認他是被愛的，我在信中再次告訴他老師很喜歡他，有時候糾正他是因為他做的事情需要改進，絕對不是討厭他。之後巡堂他主動跟我說他喜歡希望小學的老師們，很開心收到老師們的信。

有溫度的、專屬的集點制度

升上五年級後小刺蝟分到新的班級，希望小學剛好也來了兩位新的課輔老師。小刺蝟跟老師們都需要時間互相適應彼此，前期經歷了不少小狀況，像是在課輔班時不願意聽老師講課、也不願意完成作業，到班後的情緒總是起伏不定。課輔老師們確實遇到挫折，這個挫折來自於他們選擇最快速穩定班級的方法權威管理，但是只會把小刺蝟推得更遠。

他們感受到孩子的不安全感，因此課輔之餘他們隨時與我討論，想了很多種可能很多種方法。他們觀察到小刺蝟其實是喜歡被稱讚的，雖然他總是對獎勵表現出滿不在乎；雖然每次老師推選他當代表時他總是否定自己，但其實他很想向大家展現他的能力。

於是，一個專屬小刺蝟的集點制度產生了，並告訴他一個班級只有一位代表參加。只要完成當天的任務且態度認真，老師們就會幫小刺蝟集點，最後可以換得學習用品。這個制度主要的目的並非讓他得到獎勵，而是希望他能跟課輔老師們更靠近，就算當天小刺蝟沒辦法完成任務，但只要他願意努力，老師們還是會幫他集點，並偷偷跟他說：「雖然今天沒有完成任務，但是老師有看到你很努力，很棒！」

「帶著溫度」的運用制度，讓他感受到老師的關注，也經驗到即使沒辦法達成任務，那份努力的心也是值得肯定的。

與老師合作，保持高度社工敏感度

每周小刺蝟會與學校專輔老師會談。我與專輔老師合作交流小刺蝟的狀況，希望能幫助小刺蝟更穩定的學習。同時課輔老師們也會多一點關注小刺蝟，觀察小刺蝟若有異狀像是：身上有傷、衣服大片髒污、衣物破舊或是近期情緒狀態較不佳，要立即回報我，我會與學校老師、專輔討論，並定期致電關心媽媽了解近況，同理媽媽獨自照顧孩子的辛勞，鼓勵媽媽多關注小刺蝟的學習狀況。

主要照顧者也同步正向轉變

課輔老師觀察有時小刺蝟一到班情緒狀態就不是很穩定，不知道是否跟原班或是家庭有關。我與班導討論近期小刺蝟在原班的狀況並且與媽媽定期聯繫。我想媽媽的改變也是小刺蝟穩定的關鍵，從一開始常常聯繫不上、電話中總是簡短的回應，到後期會與我分享在家的狀況，分享照顧四個孩子有時候真的很疲憊，有時情緒也會不小心失控。

我除了同理媽媽的辛勞，也向媽媽分享我及課輔老師們所看到的小刺蝟，他其實有著一顆細膩的心且非常需要被關注及肯定，我鼓勵媽媽多給予肯定，相信他一定可以感受到。近日，媽媽也較為穩定的可以接送小刺蝟了，對這孩子來說，媽媽的接送如同媽媽對自己的關愛，多麼珍貴。

小刺蝟在課輔班的表現漸漸穩定，在看到他給我的聖誕小卡時，內心的激動難以言喻，腦海中浮現的是過往一段段的畫面，當他把書包摔在地上怎麼樣都不願意聽時，也差點按耐不住有過要嚴厲指責他的想法。我想，我的激動不只是因為小刺蝟寫卡片給我，也是慶幸當下有控制住自己的情緒吧。

小刺蝟的努力與改變，讓我們看見了陪伴的力量，永齡服務許多弱勢家庭的孩子，在進行補救教學之餘，也關心家庭與孩子，適時提供協助。我相信只要持續付出愛與關懷，真正的去理解孩子，用行動支持，刺蝟男孩有一天也會收起他的刺，轉身擁抱我們。

— 小刺蝟的需求診斷結果 —

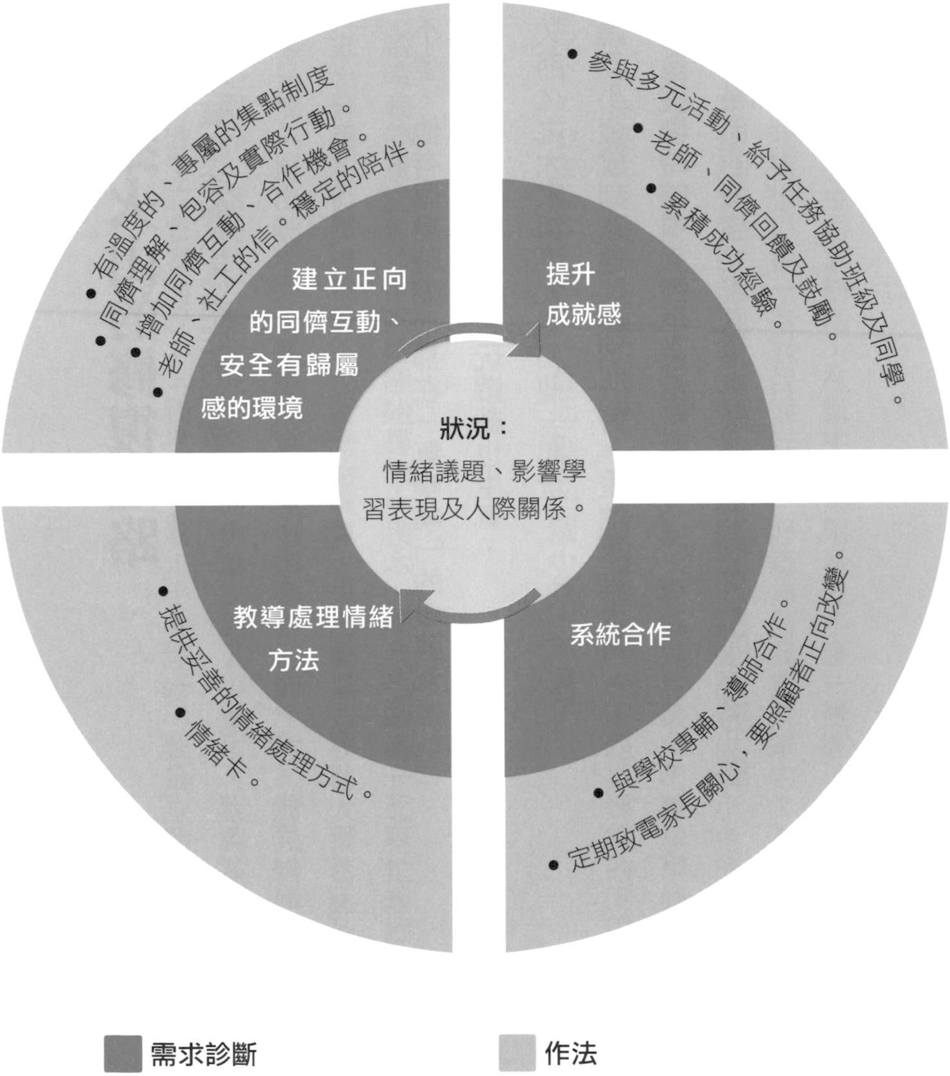
狀況：
情緒議題、影響學習表現及人際關係。
建立正向的同儕互動、安全有歸屬感的環境
有溫度的、專屬的集點制度
同儕理解、包容及實際行動。
增加同儕互動、合作機會。
老師、社工的信。穩定的陪伴。
提升成就感
參與多元活動、給予任務協助班級及同學。
老師、同儕回饋及鼓勵。
累積成功經驗。
教導處理情緒方法
提供妥善的情緒處理方式。
情緒卡。
系統合作
與學校專輔、導師合作。
定期致電家長關心，更照顧者正向改變。
需求診斷
作法

孩子需要關心也需要愛

校訪時，老師提到小金在班上與同儕的相處狀況不佳，情緒來了，在嬉笑怒罵中就會不小心言語傷害了同儕，也會作勢攻擊，或是會將課桌椅愈移愈靠近教室門口，邊移邊說：「我要出去囉！」最後便逃離讓所有在教室的人措手不及，所以家長時常被通知來學校處理孩子的情緒問題。

小金在幼兒園時期老師曾花了很長的時間陪伴，教導他在不同的情境環境中要注意自己的言行舉止，不能只顧自己想做的事，要想想其他同儕的感受。小金升小學後，班級老師便無法銜接幼兒園老師的帶領方式，小金便開始在學校施展魔法，為他的情緒每天裝扮著不同的服裝，今天扮噴火恐龍，明天扮無厘頭蠟筆小新，一下又像麵包超人樂於助人，在這麼多裝扮下到底哪個才是小金呢？

直到在課輔現場看見小金，才知道學校老師所言不假，我問：「小金你為何生氣呢？」他看了我一下，回答說：「太難了！我都看不懂國字啊！」我回想了一下他的學習狀況，其實是個機智的孩子，他需要關心與陪伴，需要有人能耐心的帶他，幫助他找到適合的學習方法，比起「學會」現階段小金更需要的是關心與愛。

我們這樣陪伴孩子

小金個人氣質較難相處，常會因小事情反應強烈，讓他在團體中容易變成同儕注意的對象，在希望小學與導師合作幫忙下，決定讓小金認識自己及如何面對自己的情緒，辨識容易讓自己情緒失控的人事物，讓小金在自我覺察下發現情緒準備要爆發，前能判斷當下環境，並練習讓自己能主動離開或減少衝突環境，大口呼吸閉起雙眼默念一～二〇，幫助自己平靜，同時向老師發出訊號，讓自己能暫時離開現場到外面緩解情緒。漸漸的小金習慣這樣的模式，在團體中也較能和同儕合作及互動，而導師也會因為小金今天沒有發出訊息而給予鼓勵，也在當中讓他享受自己能跟情緒做朋友的感覺。

先關心孩子的需求，才問功課

在課輔前需要跟合作的課輔老師共識一致，要理解孩子的成長脈絡及經驗，了解孩子的家庭背景組成，也能避免因對孩子的不解而產生誤解。評估孩子現有的能力與優勢才能協助給予適當的學習方法。擔任小金的課輔老師是一位外向的、善於利用自己多重聲調的老師，因為老師能在課堂間模仿很多口音及語氣來吸引孩子們注意，在這當中最被吸引的就是小金了！

每當小金因為學習挫折而自責生氣時，課輔老師便能嗅到小金的情緒波動，開始運用專長，用他喜歡的瑪莉兄弟——瑪莉歐的口音關心及鼓勵，慢慢的小金與課輔老師信任關係倍增，小金能在情緒浮動時去找課輔老師、能在課程中經過課輔老師的引導主動發表意見、能在課堂中接受他人的讚美並回謝，也因為自己在課堂中深受課輔老師關懷，也開始關心同儕並主動幫忙課輔事務，小金每一次的不一樣都好讓人驚豔，甚至在多元活動學習中，像是生命教育課程、愛護環境宣導、藍曬藝術親子體驗等等活動課程中表現都很亮眼呢！

與小馬桑尼交心

在一次的機會下希望小學辦理了一場動物輔助治療課程，與當地兒童發展馬匹輔助教育中心合作親職教育課程。在課程前與中心教練討論活動目的及目標，期望孩子及家庭能營造良性的互動關係、善用適當的溝通，進而強化家長親職教育知能。

那一天在馬場，小金一樣依偎在媽媽身邊，對於面對馬匹及小動物感到躁動及焦慮，也不太融入團體活動，一直拉著媽媽想往外跑，這樣的情景讓馬場教練看見了！教練過去小金身邊說：「你害怕嗎？」

小金回說：「他叫什麼名字？」

教練笑了一下，說：「嗨，小金這匹馬叫桑尼，你願意介紹你自己，跟他交朋友嗎？」

小金動動身體放開了一直緊抓著手的媽媽移動到桑尼面前，教練請小金握起拳頭放到桑尼鼻前，讓桑尼聞小金的氣味並介紹自己的名字，這時桑尼便用頭磨蹭一下小金的手臂，讓他笑了開懷，第一次的相見歡便愉快展開。

活動中，從領馬體驗、小動物訓練、治療性騎乘體驗等等項目，從中感受自己的情緒是緊張的、擔心的或憤怒的，同樣的馬匹也感受到孩子的情緒並反映出來，大人給予的鼓勵及肯定，引導孩子們看見並接受自己的內在情緒，藉由活動的安排都深刻地觸動孩子及家長的心，透過活動來觀察孩子的表現，也是理解他們最佳的途徑。

在希望小學與導師合作幫忙下，小金透過練習幫助自己找回平靜。

小金的需求診斷結果

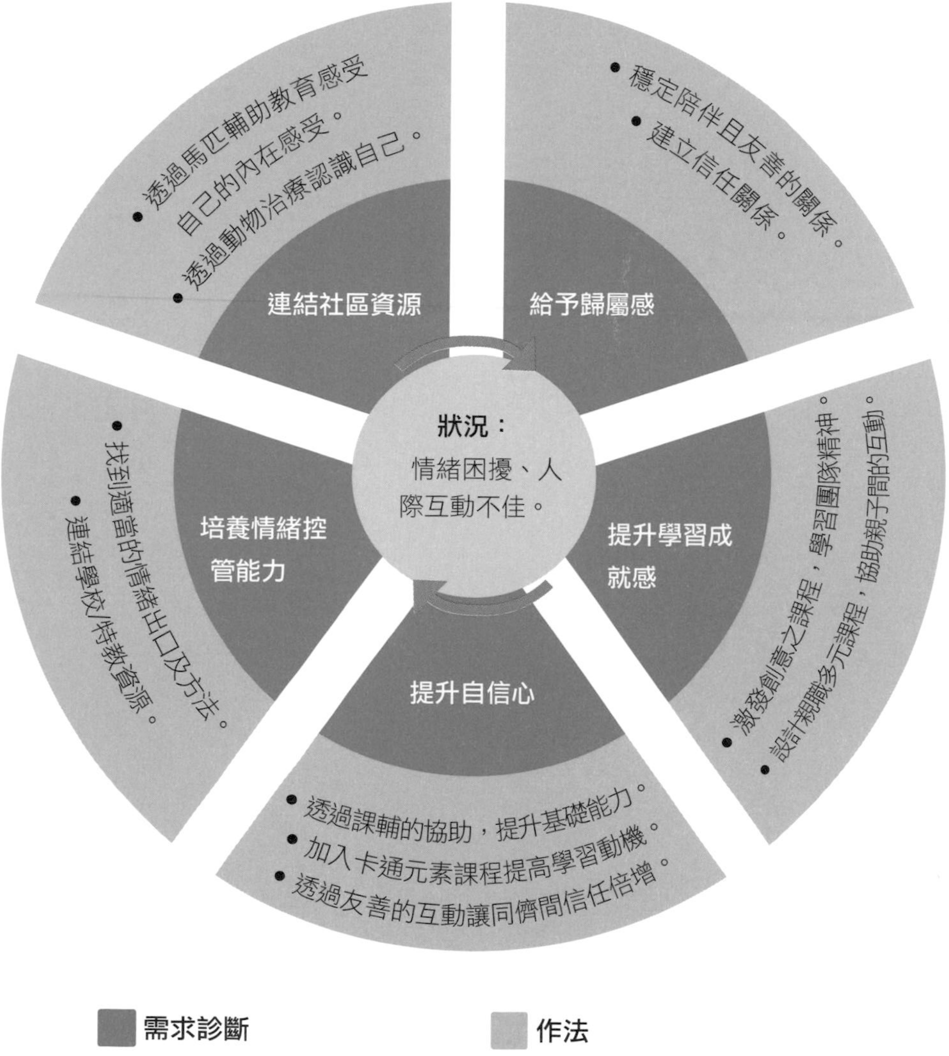
狀況：
情緒困擾、人際互動不佳。
連結社區資源
• 透過馬匹輔助教育感受自己的內在感受。
• 透過動物治療認識自己。
給予歸屬感
• 穩定陪伴且友善的關係。
• 建立信任關係。
提升學習成就感
• 激發創意之課程，學習團隊精神。
• 設計親職多元課程，協助親子間的互動。
提升自信心
• 透過課輔的協助，提升基礎能力。
• 加入卡通元素課程提高學習動機。
• 透過友善的互動讓同儕間信任倍增。
培養情緒控管能力
• 找到適當的情緒出口及方法。
• 連結學校/特教資源。
需求診斷
作法

VOL.21

一路跌跌撞撞的嫩芽

小芽，靠自己力量逐漸成長

總是坐在角落，不與班上的同學互動，
對於老師的詢問總是瞪大著眼睛看著。
關心他不會得到回應，這樣的狀況讓人感到無奈。
小芽是個聽話的孩子，但是不會主動表達，
即使想幫助，也真的不知如何著手。

校方告知學生家庭狀況：「班上有一個學生比較特別，家裡發生一些變故，導致不愛講話，加上祖父照顧有限，非常需要希望小學的資源，期盼課輔班能協助家裡督促與減輕照顧負擔，可能跟他相處需要多點耐心。」這是了解小芽的第一印象。

小芽需要老師特別前去關心。本身資質很好，能在課堂上好好學習理解，必能融會貫通，但是由於家庭功能不足，導致作業完成度較差。小芽總是坐在教室比較角落的位子不太跟人互動，個性孤僻，打招呼也都沒什麼反應，也由於這樣，同學們都不太在意小芽的存在，但社工還是前去打招呼，小芽看了一眼沒有理會，玩著自己手上的鉛筆盒，班上的學童輕鬆地說：「他都這樣啦！不用理他。」

人類行為有許多層面，學校就如一個社會系統，社會包括許多層面，社會系統，以人際關係以及社會功能影響最大，要提升孩子對於社會的功能，藉由新角色的進入來改變目前的困境。小芽或許內心也想加入大家，被傷痛絆住了腳，不知道如何前進，對於小芽，班級老師與同儕已經失去了熱情，藉由新的力量，可以打破目前的僵局，陪伴小芽讓他知道他不是一個人，連接原本的系統，推動輔導與關懷資源，成為同儕人際間的橋樑，透過觀察評估進行處遇，與多方資源互相合作，推動小芽與社會系統的連結。

我們這樣陪伴孩子

課輔班學生們普遍都蠻期待社工的訪視，但小芽總是在一旁觀望，每次邀請他都沒反應，課堂上不時會出現干擾的行為，讓人感覺在調皮搗蛋，或許是想吸引老師的注意或是單純的發洩，老師也無法制止，透過家訪與祖父聊到小芽的行為，就會聽到：「這個孩子命不好，也帶不動，皮呀！講不聽。」課輔時間短暫的下課，小芽總是最後一個出來，大家都在教室外聊天追逐，就只剩小芽還在教室趕作業，這時課輔老師或是社工會個別進行課業協助。

幾次陪小芽回家，祖父總是很好客的邀請，道謝社工陪伴孩子，由於家中採購一些民生用品其實是不方便的，希望小學的社工協助轉介物資與定期關心家裡狀況，剛好這段時間有長輩可食用的奶粉物質，社工協助送至家中，祖父很開心有人到家裡坐坐，很高興地回覆：「不好意思呀！那個很方便耶！早上小芽還會幫忙泡一起喝，還想泡給貓咪喝，真受不了這孩子。」

與校方輔導資源合作，打開封閉的心

小芽面對親人的離別，形成依附關係的不安，在沒有準備的情況下家庭情況被迫改變，無助時也不懂該如何表達尋求協助，逐漸形成封閉的內心，即便傷心難過，也沒有陪伴的角色存在，祖父能照顧的範圍有限，在難過時也無法形成依靠，形成許多自我複雜的情緒，需要陪伴與輔導，協助自我調整面對傷痛，建立新的歸屬感和支持管道。透過個案討論與永齡團隊討論和建議，與輔導主任建立關懷機制，輔導主任成了他的專輔老師，協助學生前先了解學生的心理狀況，避免過度的強求反而會造成反效果，希望透過穩定與長期的陪伴，希望能走進小芽的心房。

給予小老師任務，建立成就感

小芽本身概念不差，在透過課輔老師主動的指導下，有相當顯著的進步，馬上就能理解很多，課輔班的社工發現其他學生對於直接請教課輔老師問題會比較害羞，反而會跑去找小芽詢問指導，也與課輔老師提到這樣的現象，討論讓小芽有一個小老師的職位，一方面可以建立成就感，一方面也可以促進人際關係的增長，在班上干擾的行為也逐漸減少，每次幫忙或是表現良好，課輔老師與社工都會給予正向鼓勵，在課輔班中標榜小芽是學弟妹們的榜樣，小芽馬上就變身成班上的小老師，當然小芽在課業還是有不會的地方，經過課輔老師細心的指導後，小芽很快就能理解，一同歡笑間也更加深小芽與課輔班的互動性。

參與多元活動課程

建立穩固關係參與校內大小活動，運動會、期末晚會、鼓隊成果展，讓自己的身影不再陌生，對於沒有家人來參與活動的小芽，社工補上了這樣的角色，小芽對於運動很有興趣，甚至當他表演或比賽時社工時幫他拍照，他還會一一審查照片，希望自己拍起來是漂亮的。

透過遊戲，尤其是桌遊來建立同學間的情誼。桌遊可以幫助孩子抒發不愉快情緒，促進感情的交流，更提供豐富的學習機會，透過桌牌發現小芽很有天分，多次的接觸下來，同學也開始對他不再陌生，小芽更是會指導社工如何出牌，對於厲害的人，同學都會仰慕與請教，在人際關係方面也開了一個口，讓同學之間能交流，讓小芽不再是角落的孤兒。

建立求助網絡，轉介心理師

透過網路資訊關心小芽發布訊息的內容，通訊軟體也能建立學生溝通管道，也可及時把學生資訊傳送予導師、課輔老師、輔導老師多方系統連接，小芽也不時會詢問課業上的問題與喜歡的籃球資訊，有特別的資訊也能發送給小芽參考，讓他明白不管什麼時候，即便畢業後，不管多遠，這裡也會有個大哥哥，願意陪伴他。學校方面轉介巡迴心理師來輔導孩子，透過專業心理治療，與學校建立關懷機制，許多資源支持改善孩子狀況。

原本總是盯著別人不說話，不理會課輔老師，不願意接近進人群，現在成為班上的小老師，可以很有自信教別人，指導同儕課業照顧學弟妹們，脫離以往不願接近同儕、老師，習慣獨自的心態，現在下課能夠很自在的接近人群，召集同儕一起打球，一路的轉變感觸特別深。小芽能在永齡的環境以及資源裡，成為有自信的孩子，走出自己的心房，就如看到一棵種植很久的種子，在不經意間發芽與茁壯起來。

- 派小老師任務給小芽，建立成就感、改善同儕關係。

—— 小芽的需求診斷結果 ——

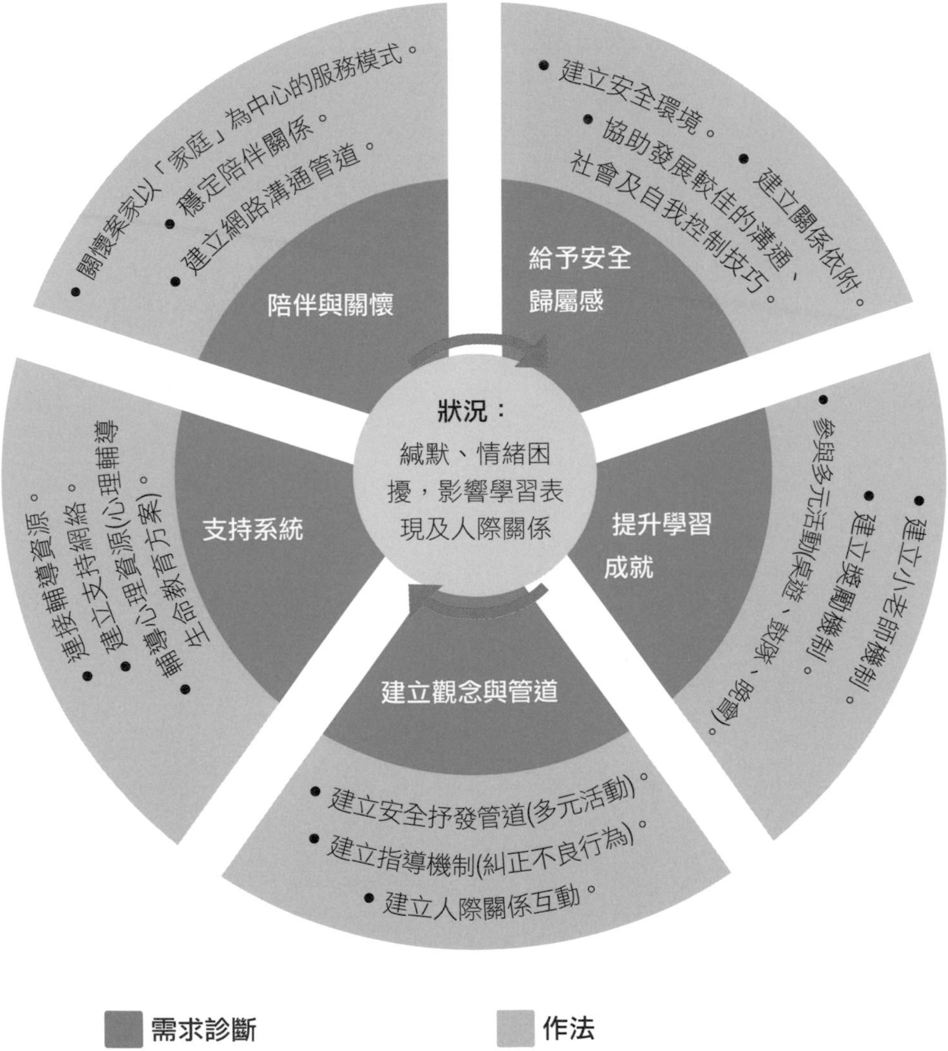

VOL.22

不再傷害自己

有情緒時，就去跑操場！

記得是那一年的夏日午後，
因為家訪，是我與男孩第一次見面，
記憶中，他跑跳地來到我的面前，並熱情地帶我進到家中，
用他稚嫩的聲音問我：「什麼時候可以開始到課輔班上課？」
眼神中無不流露出滿心的期待……

阿吉在升上三年級的那一年，進到了希望小學課輔班，猶記得那時候的他個子瘦瘦小小的，以身型來說在班上是個不太會被留意到的孩子，相反的是，這孩子有著相當好的活力，以及不錯的適應力，很快的就與班上的同學及老師們熟識，也開始展現出自己原有的面貌。漸漸地，阿吉班上的課輔老師在每一週課輔例行會議中，都會跟我提到阿吉在班上的行為困擾著他們。

隱藏在瘦小身軀中的不定時炸彈

首先是影響班上秩序這件事情，阿吉因為本來就是個體力充沛的孩子，再加上喜歡與人談話，因此在課輔上課時，經常會忘記老師說過發言要舉手的規定，而影響到上課的進行，即便老師每一次上課都會進行提醒，但效果似乎有限，總是要老師以最兇、最嚴厲的口氣告誡時，才會安靜下來，只是，伴隨而來的，是阿吉的憤怒，用他憤怒的眼神瞪著老師，同時，不知道他將要用怎麼樣的行為來傷害自己。

再來是阿吉習慣去逗弄班上其他同學，即便同學已經明確表達自己並不喜歡如此，但還是會一次次地去逗弄同學，有時候甚至會聯合其他同學來欺負班上的同學，這樣的行為也讓課輔老師相當頭痛，也只能一次又一次的訓誡，當然，換來的還是阿吉的不滿情緒及衝突，而他便會用他習慣的方式來宣洩情緒，從最一開始的怒瞪課輔老師到用雙手捶打牆壁，再到撕紙張來吃，種種的傷害行為都讓課輔老師難為，不知道應該要怎麼去進行管教。

原來，回家後的孩子是這樣生活著

因為阿吉的行為已經影響到課輔老師的授課，同時傷害自己的行為頻率有增加的情況，因此，在幾次談話之後，開始了我與他的個案工作之旅。

在前期的工作中，我詢問了阿吉回家後都會做些什麼事，他很開心地跟我分享著：「回家後我最常做的事情是打開電腦玩槍戰遊戲，因為回家後爸爸媽媽都還在工作，姊姊們也都已經讀高中了，也不會那麼早回到家，所以有的時候我也得自己準備晚餐，社工，你知道我最常吃的晚餐是什麼嗎？我最常吃的是泡麵，因為泡麵很好吃。」

這是我們在工作開始時的一段對話，我看到的是，阿吉回家後，因為爸媽要工作、姊姊們也還在上課，其實是沒有人可以陪伴他的。因此，他選擇玩電玩及使用網路來陪伴他，只是，因為常接觸到的是暴力電玩，久而久之，阿吉也漸漸有了一些用暴力解決問題的念頭，同時也因為自己也知道並不可以去打人，因此，選擇用打自己的方式來進行情緒抒發。

我們這樣陪伴孩子

工作之初，與阿吉的接觸僅限於課輔期間的一些談話，與進入個案工作裡的會談關係比較起來，必須要有更多更多的信任因素在裡頭，因此我開始嘗試前三次的工作裡，將重心放在與阿吉建立關係上。起初，我商借到了國小校內的會談室，這也是我的堅持，一段個案工作本身，場域的建構可以協助孩子本身更快進入到會談關係，同時，也協助工作者達到事半功倍的效果！

搭造兩人之間的橋樑，建立關係

接著，我使用了心智圖來協助我認識阿吉。心智圖是一個相當容易上手的工作媒介，因為能夠刺激工作對象本身使用發散式的思考，書寫出有關於自己事物，工作者本身也藉以蒐集更多有關孩子的資訊，這對於工作者本身是相當有幫助的，能夠藉以擬訂及找到更多跟處遇計畫有關的方法。

在心智圖的活動中，我知道了阿吉也喜歡打籃球，因此，在會談期間，我們也有了默契，只要當天課輔時間內作業能夠完成，也能夠完成我所交付的任務，我們就能夠到操場打籃球。也許，這是一個再平凡不過的運動，但對孩子來說，是完成會談工作的動機，同時，也是我與他建立關係最直接的方法。

認識情緒是改變的種子

在具備一定的關係程度後，我開始嘗試與阿吉談論他的行為，在我的評估中，很多時候在做出自殘行為之前，往往是情緒先走在前面，因此，我期望先帶領阿吉認識情緒，從根基開始，教導阿吉先學會分辨情緒後，慢慢引導他去思考，哪些方法是能夠幫助自己恢復情緒的。

有了以認識情緒為基礎的方向後，先使用了情緒卡作為會談的媒介，利用第四到六次的會談工作，帶著阿吉去看完每一張情緒卡，過程中我會請他試著對於情緒進行舉例，藉以加深對於辨識情緒的能力。另外，我也請阿吉試著在裡面找出最常發生在自己身上的情緒，在這個活動裡，他花了一點點的時間在思考，最後選出了快樂、生氣及委屈，在選好這三個情緒後，我也邀請阿吉試著與我分享為什麼會選這三個情緒。

關於快樂，阿吉提到，因為在學校有很多的朋友，下課時間也都可以一起玩，是自己最喜歡來學校的原因；關於生氣，阿吉說：「因為我很常被罵，不管是在家裡或學校。」只要被罵，就會覺得不爽想打東西；關於無奈，阿吉則簡單提到，有的時候被罵，其實並不是自己帶頭的，只是好玩而跟著同學一起做，只是就很常被老師誤會是自己先帶頭的。在阿吉分享過程當中，我可以感受他是很願意與我分享的，也許，這也是他的情緒抒發管道之一喔！

信任＋目標＝改變

在第七到九次的會談工作中，我試著與阿吉談論有關於情緒宣洩的方法，在這個階段中，我先使用了自我揭露的技巧，讓他知道我也是會生氣的，只是當我生氣時，我可能會去跑步，讓自己流流汗，感覺就會好很多，又或者我會去聽音樂，讓自己可以有放鬆的感覺。對此，我也準備了幾張字卡，有聽音樂、看電視、運動、玩遊戲等讓他做選擇，阿吉很快的選了運動卡，並表示自己還蠻喜歡在操場跑來跑去的，因為邊跑邊玩，很快樂！阿吉的回答很直白、很貼切，但這也是我希望看見的，同時也鼓勵他，這就是一個很棒的宣洩情緒方式，運動除了可以發洩外，也可以讓自己變的更強壯，聽到這裡，阿吉也猛點頭的回應著。

在這個階段中，我嘗試給予阿吉任務，像是：本週試著不去生氣三次，或者在下一次的會談時要跟我分享，自己在這段期間生氣時，嘗試使用了哪些方法，而不能夠是傷害自己的方式。當然，我也告訴阿吉，我是用信任的心態去相信他說的每一句話，因此，希望他也可以好好的分享我給他的任務，而他，也沒讓我失望過。

於此同時，我也與阿吉約定，只要成功完成了我給的五個任務，就能夠在期末獲得我所準備的禮物，我的用意很簡單，對工作對象來說，我們可以給予一些任務讓孩子作為目標，如此，可以強化孩子的內在動機，並且完成我們所設定的處遇目標。

賦予適合的任務，增強自信心

幾次的會談工作後，我給予阿吉的其中一個任務就是：在課輔班中擔任班長的角色，協助課輔老師管理班上的秩序，會有這樣的想法本身背後的動機在於，我觀察到他在班上的影響力是足夠的，尤其，很常是號召同學們集合的人物，因此，藉由讓阿吉擔任班長的任務，一方面具備正增強的效果，透過阿吉自己做出的正向行為，給予正向回饋，另一方面，因為阿吉有著獨特的影響力，這並不是每個人都能夠辦到的，而這也是為什麼我會給予阿吉這個任務的原因，增強他的自信心。

現在的阿吉，有了很大的不同，他不再傷害自己，當有情緒時，他會詢問我：「社工，我可以到外面跑一圈操場嗎？」而我，總是會答應他這個請求，雖然，每一次回來他都會氣喘吁吁的，但只要他能夠找到屬於自己的宣洩方法，何樂而不為呢？而阿吉的影響力，也漸漸在班上發揮成效，除了會幫課輔老師管理秩序外，也常常是課輔老師的得力助手呢！

最後，我想說的是，每個孩子本身，都有他的優勢能夠被發現，只要在每一次的工作過程中，用心地去觀察，並且針對各自的優點，賦予不同的任務，由孩子本身出發，完成所設定的目標，一來，能夠強化孩子的自信，同時，行為改變後的成效，也將會是最具效能的。

── 阿吉的需求評估 ──

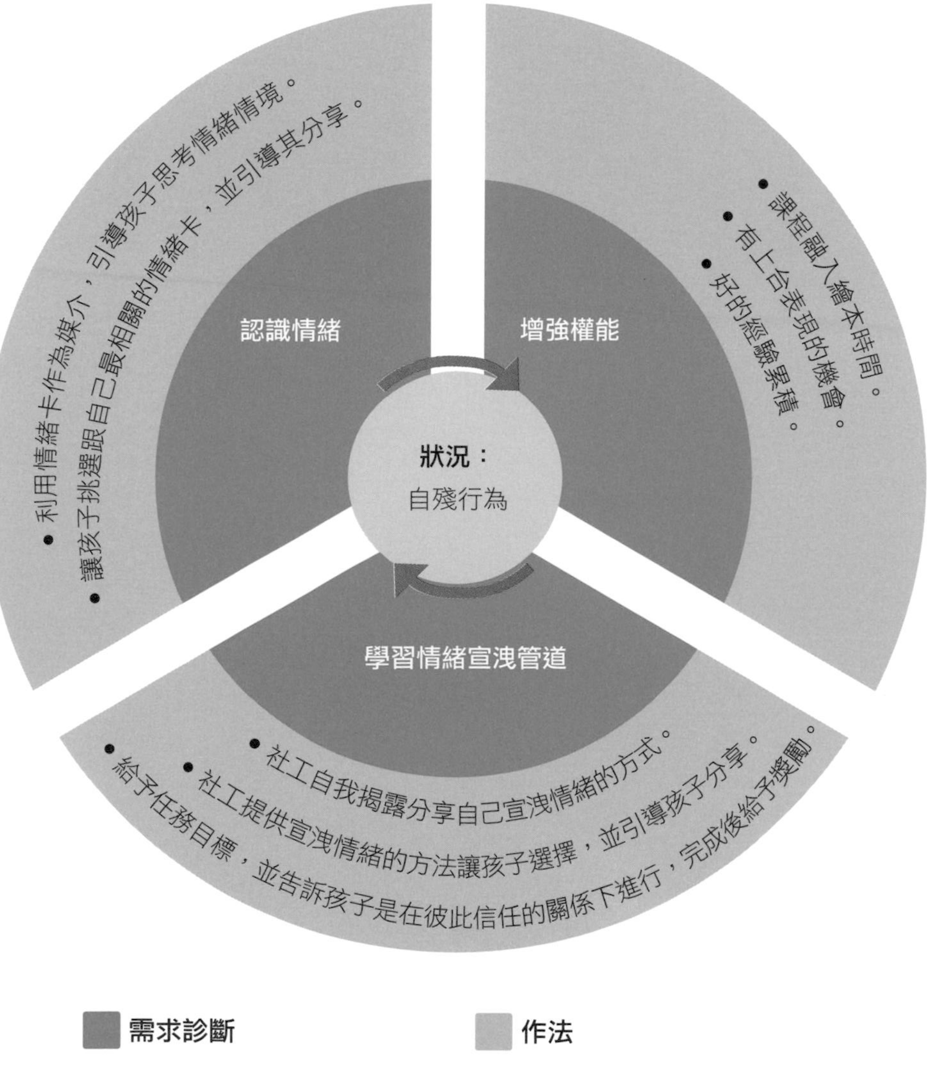
認識情緒
增強權能
學習情緒宣洩管道
狀況：
自殘行為
● 利用情緒卡作為媒介，引導孩子思考情緒情境。
● 讓孩子挑選跟自己最相關的情緒卡，並引導其分享。
● 課程融入繪本時間。
● 有上台表現的機會。
● 好的經驗累積。
● 社工自我揭露分享自己宣洩情緒的方式。
● 社工提供宣洩情緒的方法讓孩子選擇，並引導孩子分享。
● 給予任務目標，並告訴孩子是在彼此信任的關係下進行，完成後給予獎勵。
需求診斷
作法

VOL.23

我不是不讀書，而是沒機會讀

大都會裡力爭上游的小柚

你，快給我坐好！

老師，我就是看不懂這些字，所以要去問同學！

你，為什麼沒有把功課寫完！

老師，我就是不會寫，所以就空白！

你，不要講話！

老師，我只是想和你說說話！

學期初，學校特別將兩個孩子交給我，因為他們的家庭狀況與學習狀況都有別於其他孩子，所以學校主任認為他們需要獲更多關懷與照顧，且學習能力必須從基礎重新教起，於是把他們託付給我。柚子，就是其中一個孩子。

我是柚子遇到的第二個社工老師，從之前的社工老師那接手時，我對他的訊息就是愛搗蛋、喜歡大聲說話、坐不住、學習的能力很差，所接收到的都是負面的評價。我也從教過他的課輔老師口中得知，其實柚子很天真、很可愛，想法很單純的一個孩子。

來到大都會區的鄉下孩子

在二〇一八年的暑假，我與柚子相遇了。我看著他過往的資料，英文程度只會A～Z的單字，數學只有三年級程度，而柚子是個五年級即將升上六年級的孩子，我認為這樣的程度如果未來就讀國中時，其實應該很難適應下去，學習容易挫敗。如果是我，面對著什麼都看不懂的學習科目，就會想要把書本放置在一旁，何況又是一個國小的孩子，如何驅使他能夠主動的學習！

回頭看看柚子的背景，他來自一個高齡人口較多的地方，小柚從小就接觸廟會活動，對藝陣八家將文化很有興趣，所以一放學就會到附近的榕樹下、廟口和老人家、其他人聚集在一起聊天，功課總是放著到隔天再找同學幫忙，面對每天上課的內容總是似懂非懂，對於學習完全提不起勁。

所幸有個關心他的親戚，因為心疼這個孩子，覺得這不應是柚子該有的狀態，於是和柚子的家人討論，最後決定將柚子帶來新的環境。也透過學校老師的引薦，便開啟柚子與永齡之間的緣份。

學習障礙帶來的一系列困境

「來，寫寫看這題！」

過了十分鐘後，老師問道：「為什麼沒有寫！」

柚子說：「老師，你可不可以再說一次！」

小柚在低年級時被鑑定為閱讀障礙，在入班時，先進行永齡國語文的國字測驗，經過測驗後所獲得的識字量PR值4。而小柚每次反覆性得詢問老師是否可以再操作一次，幾乎每次課輔班都會上演，就算老師給了指定的範圍，小柚總是在一旁發呆，或是看著別人在做什麼事情，一旦同學所討論的是小柚感興趣的話題，他就會離開座位，不久，會被老師要求回到座位上。又過了沒幾分鐘，小柚就會想要知道何時可以下課休息、有沒有點心可以吃，真正靜下來的時間在一個小時內，也就大約只有十分鐘。當小柚覺得自己被老師圈限太多，情緒就會高漲，生氣、摔書、耍任性，完全不想配合老師的要求，甚至有時候用哭來表達他內心的不滿。

起初，對於小柚這樣的學習態度，會讓我或是課輔老師選擇用威嚴式及規矩式來管理，因著這樣的管理方式，小柚開始排斥了我，有一天小柚告訴其他孩子：「我不喜歡這個社工老師！」但其他孩子覺得是小柚自己的問題，為什麼可以這樣對老師呢！因此小柚的人際關係也開始出現狀況，孩子們開始和他保持一定的距離。然而我想要讓他試圖的了解我的用意與考量，但小柚似乎會拒絕正視我，所以只能藉由課輔老師默默的課業上的協助與心理支持。

孩子的疑惑：為什麼大家都不喜歡我？

後來，小柚就變成班上的邊緣人，因為他上課時，總是喜歡討價還價，不喜歡寫練習題，大聲的說話，於是開始被課輔老師責備，所以大家慢慢與小柚劃清界線。小柚總是笑笑的不以為意，下課時總是看著大家一起玩遊戲。我發現小柚的微笑也是就是他掩蓋自己內心情緒的方式，不想讓別人發現。

當有一天，我特別找他到教室外面單獨聊聊，不僅與小柚談他的學習狀況，也談了他與同學間的相處，我可以感覺到其實他心情很低落，後來小柚突然跟我說：「老師，你跟我說得這些話，我都沒有哭耶！」不料，他自己說完後沒有多久時間，就放聲大哭、泣不成聲說著：「為什麼是我！」

心裡不禁思考著為什麼能力不好、定力不夠的孩子就是要被其他人排斥？為什麼總是要被處罰？也許是小柚的哭聲觸動了我，也許是他的眼淚放下我的要求。於是乎我便決定要來好好改變小柚這個孩子，使得在他的學習環境中，點亮一盞燈。

我們這樣陪伴孩子

在一個巧妙的安排之下，由一個資深的優良課輔老師帶著柚子學習英文，我與課輔老師的主要目標是至少讓他英文可以前進，不要停滯。且與家長和學校建立聯繫網絡，三者之間形成一個金三角連絡網。

打造有安全感的學習環境

與課輔老師討論，首先我們將柚子的座位重新安排。一開始，孩子們對於要重新安排座位的決定不是這麼同意，但經過溝通後，大家雖是接受，但都不希望我把柚子安排在他們身旁或是對面，後來我決定將小柚放在同班同學的斜對角，一方面只要小柚有什麼狀況，同學可以馬上提供協助，另一方面在柚子的視線範圍內就只有這個同學。在課程上安排上，盡量給予一些任務解決的互動學習方式，例如：需要找別人完成，而那個人必須具備哪些條件，所以當其他孩子們要解決任務時，就會找小柚一起共同完成，才能完成任務目標。在幾次與同學的互動過程中，我終於看到小柚露出一抹微笑。

與學校及家長共創學習環境

希望小學與學校輔導室建立良好的合作關係，彼此只要有學童在學校或是在課輔班，有任何事情會影響到彼此，就會互通消息，掌握學童的動向及家庭狀況。小柚有一個很好的班級導師，相當用心的指導小柚的目前的學科，有時也會因應學習狀況，調整其功課量。除此之外，學校擔心小柚在課後的時間肚子餓，都會請小柚拿點心吃。

再者，家庭是孩子成長最重要的一環。我認為課輔班級、學校是教育孩子的環境中，輔助的一環，然而在整體環境中最重要的是——家庭。小柚從原生家庭來到了親戚家，在學習環境都是重新開始，重新習慣一間學校、重新認識同學、重新適應新的課本，所以也許一開始的狀態，小柚可能缺乏安全感，因此要讓小柚相信我和學校、以及現在愛護他的親戚，大家都是為了他著想，希望小柚可以更進步。所以親戚家的姐姐特地幫他訂製一個假日課表，花時間教導小柚功課，如果小柚學習認真，就會替他安排戶外活動，也是希望可以讓小柚把握時間可以多學習。

給予成就感，提升學習動機

暑假時，每天讓孩子們寫一篇小日記，寫一個閱讀文章介紹，小柚卡住了許久，不知道如何從頭寫起，於是我跟小柚說，就算是學校暑假作業中的短文，你也可以慢慢抄寫下來，如果你有什麼想法，就直接寫出來，不要在意字數。所以小柚一個字一個字慢慢地寫出來，雖然耗時很久，但是最後還是可以每天完成。

小柚最討厭英文了，因為他覺得這些奇怪的符號完全都不認識。暑假的英文比賽對小柚來說就是一個噩夢，每天都有要背的單字，當看到他苦惱的時候，課輔老師會過去告訴小柚：「沒關係，當大家在考單字練習的時候，你就將聽到的單字找出來，你覺得是什麼就慢慢的寫，寫出來就算得分。」於是小柚開始他的英文尋寶，如果真的找不出來，老師便會從旁點給小柚知道。小柚從這過程中感到很有成就感，有次他很開心地跑來問我：「老師，這個單字怎麼念，我一定要注音起來！」從小柚認真用注音標起單字讀音時，我從他的眼神看到一股熱情，充滿想要挑戰英文單字，也希望自己能夠邊聽邊找出來。我認為只要小柚有動力想要學習新的事物，就是好的開始與契機。

社工關懷與陪伴，當最佳聽眾

有天我到課輔班，看到小柚一直往外面東張西望，我心想怎麼回事？小柚怎麼這麼不專心，於是走近一點看到他在位置上揮揮手：「老師！老師！」作勢要我過去，過去之後小柚便跟我說他的祖父身體抱恙，之前在大醫院住院中。原來，他想要跟我談談家裡的狀況。

也許，乍看之下會覺得小柚怎麼又想要找人聊天，但是當貼近一點去了解他，就能夠知道他想要聊心事。其實小柚對於家鄉的狀況很關心，但是可能覺得自己已經不在那個環境，或是有什麼緣故讓他要裝作不在乎，但是從小柚的舉止可以看出，他還是在乎的。小柚的等待是為了找一個心事抒發的出口，我隨時都願意當他的聽眾。雖然有時候還是會有討價還價的時候，但我都會慢慢說明，為什麼老師要這麼做、是什麼原因讓小柚這麼生氣。當我與小柚談話時，他會收起他的氣燄，降低音量跟我說他為什麼會發脾氣。

不急著否定，給孩子一個機會

目前學校、家長都感覺到小柚的改變，覺得他的整體學習動力提升許多，成績表現也跟著提升。永齡的孩子們其實背後藏有許多的故事，眾多因素導致他們這樣的學習結果，其實他們不是真的學習很差的孩子，而是當下的環境造就他們必須以這樣的方式來學習。

小柚也許在鄉村地方是個能言善道的孩子，但是在競爭力大的都會區卻是一個嚴重落後的孩子。這樣的孩子不是他不願意學、不願意配合、不願意合作，只是因為沒有一個環境可以讓他好好學習、好好聽他說、好好引導他該怎麼做。因此，不要急著否認孩子的學習成果，而是要先開啟一扇窗給他們，給孩子一個可以發揮他們才能的機會。

小柚改變了，整體學習動力與成績表現都跟著提升。

小柚的需求診斷結果

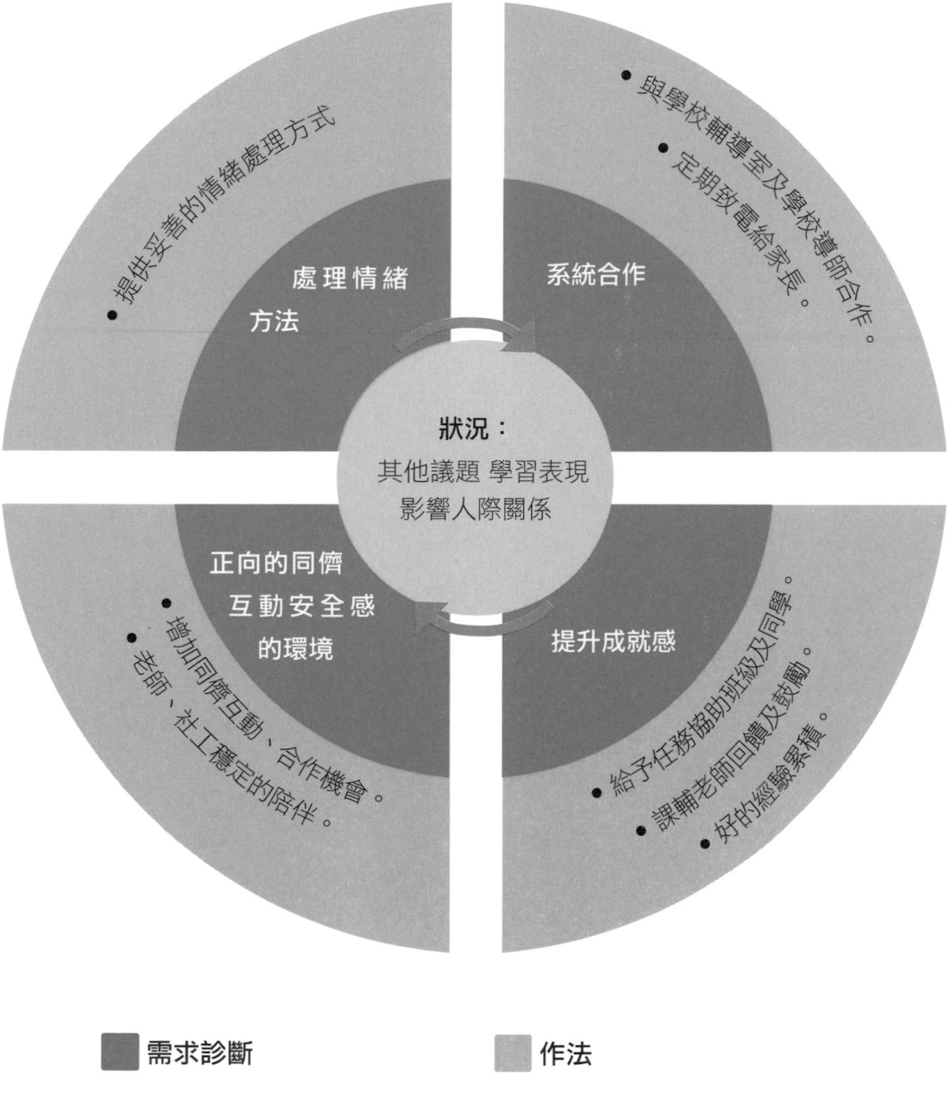

處理情緒方法
提供妥善的情緒處理方式
系統合作
與學校輔導室及學校導師合作。
定期致電給家長。
狀況：
其他議題 學習表現
影響人際關係
正向的同儕互動安全感的環境
增加同儕互動、合作機會。
老師、社工穩定的陪伴。
提升成就感
給予任務協助班級及同學。
課輔老師回饋及鼓勵。
好的經驗累積。
需求診斷
作法

VOL.24

生命最美麗的漣漪

阿聯，成功度過情緒風暴

還記得，認識阿聯是在一年多以前。
猶如小暴龍的他，在學校是個令人頭痛的人物。
在他的身上，彷彿壟罩著一層的黑，讓人想去了解他的故事。
於是，開啟了這個我與他之間，生命交會的漣漪。

阿聯生長在一個有著衝突、氛圍緊張的家庭，父母親已離婚，阿聯姊弟倆跟著父親一起生活，這對姊弟的個性很不同，姊姊平時在校是一個合群、隨和、人際關係佳的孩子，但是弟弟阿聯，平時在國小上課時，就很容易衝動，或受旁人影響而生氣，因此他很常與別人起衝突，而一起衝突他的直覺反應就是直接動手。所以這個阿聯可說是學校老師頭痛的對象、輔導室的常客。

阿聯平時在希望小學課輔班是個能夠遵守常規的孩子。但有一次，在學校辦理導師會的時候，阿聯的班導師拿著一份作業，氣沖沖地跑來跟我們說，阿聯在寫生字的那一大格的格子裡，寫滿了「幹」字。班導師也說，阿聯在學校情緒不佳時，也會出現攻擊同學和亂丟物品的行為，有時旁邊的同學發出聲音，讓阿聯覺得自己被影響的時候，他的做法不是跟老師報告，而是直接動手打同學或是摔東西，甚至是撕同學的考卷，讓班導師很頭痛。輔導室的老師很擔心他的狀況，原本打算安排心理諮商的課程，但阿聯的爸爸並不同意，因此，輔導室的老師求助於我們，在爸爸的同意之下，我們開啟了每週一次與阿聯的會談。

我們這樣陪伴孩子

我們開始每週與阿聯進行固定會談，透過輔導中性牌卡—OH卡與阿聯談話，情緒卡可透過孩子的選擇，了解其內在心情。我們發覺，阿聯容易選擇負向及黑暗的圖卡，而且生活周遭的大小事物都是他的壓力來源，他對生活中充滿不安全感，很害怕周遭的人受傷。在每一次的會談，我們會聚焦他生活中與他人互動的狀況，並提供抒發情緒的管道，也在會談中帶入協助阿聯情緒管理的部分，包含：認識情緒、覺察情緒、接納情緒、抒發情緒，希望能夠幫助阿聯學習到如何控制自己的情緒。學校的輔導室老師也不定時會找阿聯聊聊近況，了解阿聯的心情，聽聽他訴說最近發生的事情。給予穩定的正向關係，建立信任與支持的環境，孩子要的真的不多，就是我們的關心與鼓勵而已。

正確的情緒管理，預防衝突

在會談中，我們利用泡泡當作媒材，讓阿聯練習吹泡泡，藉由吹泡泡的活動，讓阿聯練習深深地吸氣和慢慢地吐氣，藉由深呼吸來穩定自己的情緒，也用情緒卡協助阿聯認識及覺察自己的情緒，並持續提醒阿聯，當你快要生氣的時候，請你記得吹泡泡的感覺喔！深呼吸可以幫助你冷靜生氣的心情。

我們也送給阿聯一個軟性塑膠手環，告訴阿聯，當你心情不好，快要忍不住的時候，也可以拉拉手環，提醒自己要冷靜，藉由情緒移轉物，達到提醒、轉移負面情緒的效果。

營造安全、支持的課輔環境

在希望小學課輔班上課時，課輔老師也會協助，在阿聯有情緒、快要生氣的時候，不批評、不責罵，而是提醒阿聯，並給予阿聯情緒緩衝的時間、空間，在緩衝的五到十分鐘裡，阿聯可以選擇趴下、畫畫、捏寶特瓶，緩和一下自己情緒，

聯的想法，獲得其他孩子的共鳴，於是，這群孩子決定要做寶特瓶的紓壓站，因為不僅可以紓壓而且又能夠回收寶特瓶做環保。

這位平時像是小暴龍的阿聯，我們很訝異他竟然能提出這樣的想法，因為平時他就是容易因為生氣而暴走的孩子，但今天他卻能提出讓人可以消氣的好方法。後來這個方法不僅在阿聯的學校裡推廣，也獲得到 DFC 分享會分享的機會，讓阿聯確實並直接感受到大家對於他這個想法的認同，也增強阿聯願意用自己想出的正向方式來處理自己的負向情緒，也藉由上台分享，讓阿聯得到了成就感，以及找回了原本喪失的自信。

一點一滴的穩定陪伴，讓改變發生

經過一次又一次的會談，試過了各式各樣的方法，最後，我們看見了阿聯的進步，我們知道，這個孩子，雖然自己在遇到衝突的時候，會忍不住想要攻擊他人，但是他能夠想出有創意並正向的解決辦法，代表他也想要幫助自己改善這個行為，幫助自己更好。因此後來，每當他情緒不佳快要失控時，身旁的人都會提醒他：「阿聯，你可以捏寶特瓶讓自己冷靜，這是你想出來的方法！」

透過這樣一點一滴的努力，和嘗試結合阿聯自己的想法以及同儕、老師的鼓勵，再搭配穩定跟安全的課輔環境，現在阿聯的情緒起來時，只要給予阿聯冷靜的時間，阿聯自我的情緒控制，已持續進步中，小暴龍漸漸地成長，變成溫馴的雷龍。

在一次又一次的與阿聯互動中，雖然偶爾會覺得挫折，覺得氣餒，覺得不知道怎麼協助他面對自己的問題，但是，看見阿聯的一點一滴的微小的進步，都是感動，也是力量，我們真的在用生命，與孩子的生命，激盪出最美麗的故事漣漪。

—— 阿聯的需求診斷結果 ——

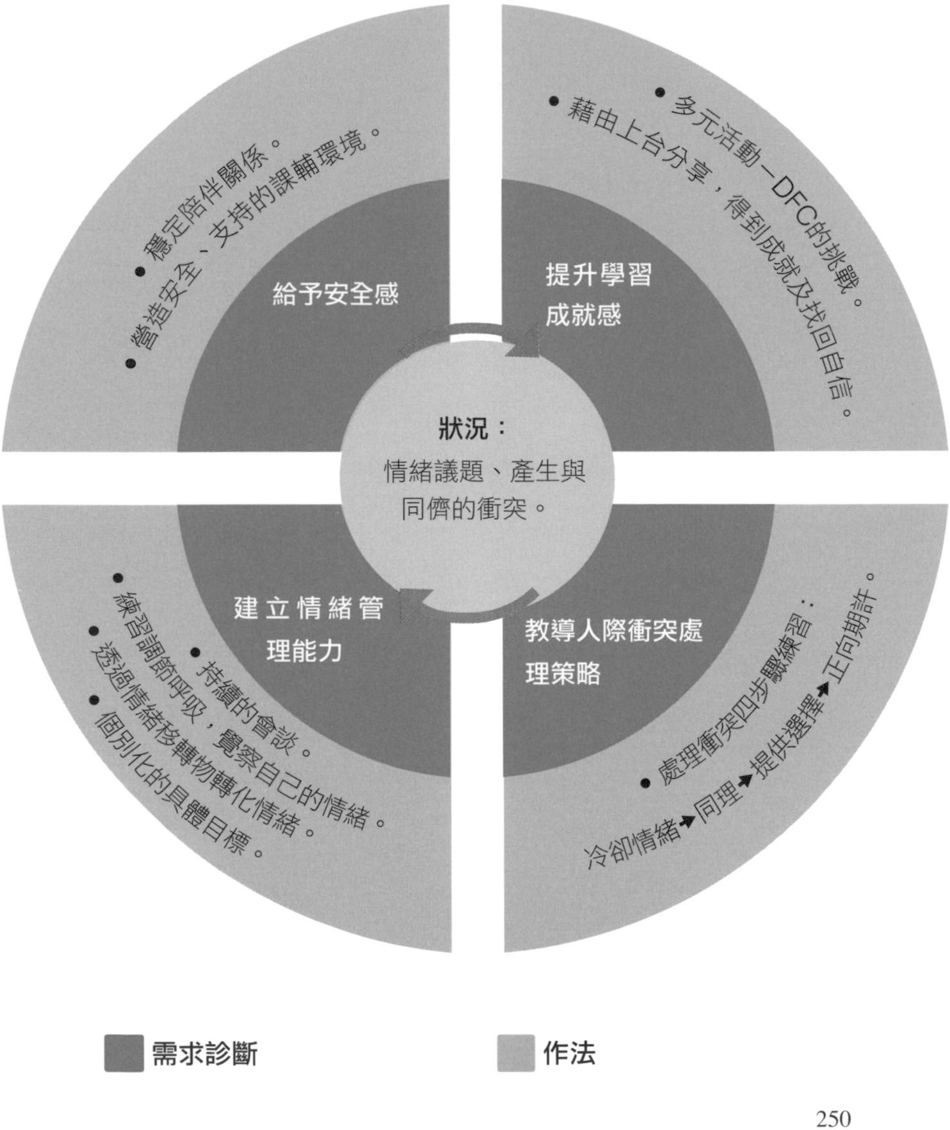
給予安全感
‧穩定陪伴關係。
‧營造安全、支持的課輔環境。
提升學習成就感
‧多元活動—DFC的挑戰。
‧藉由上台分享，得到成就及找回自信。
狀況：
情緒議題、產生與同儕的衝突。
建立情緒管理能力
‧持續的會談。
‧練習調節呼吸，覺察自己的情緒。
‧透過情緒移轉物轉化情緒。
‧個別化的具體目標。
教導人際衝突處理策略
‧處理衝突四步驟練習：冷卻情緒➔同理➔提供選擇➔正向期許。
需求診斷
作法

第四章

孩子，只是需要理解

陪伴與同理，發掘孩子亮點

VOL.25

「霸」氣外露的女孩兒

在美美心中，種下品格的種子

社工，美美又在班上說別人是阿麥（台語：醜的意思）
社工，美美今天不讓中年級學生跟他們玩遊戲，還把他們關在空教室裡；
社工，美美叫其他同學王X豬，社工怎麼辦？
每次星期二晚上，總是膽戰心驚地點開課輔老師的 LINE，
因為不知道今天美美又做出什麼讓同學討厭的行為，
以及出了哪些難題給老師了。

在一〇五學年，我剛來永齡擔任社工時，自前社工手上接過有關美美的家庭資料，了解到美美從小身邊就沒有爸爸，一直以來都跟媽媽與兩個姊姊生活，媽媽忙於生計，姐姐們又很早離家、未婚懷孕，因著兩位姐姐的情形讓美美媽媽很擔心他也跟兩位姐姐一樣，因而對於美美一方面很高壓約束，總是用比較強硬的方式管教；一方面卻又好像把對兩位姐姐的關愛都灌注於他一個人身上，而有時卻顯得溺愛。因此美美在這樣的家庭互動下，一方面更渴望更多大人的陪伴與關心，一方面也不太知道要怎麼拿捏與人相處的分際。

美美媽媽因為工作時間長，能陪伴的時間有限，因而美美放學後回到家，經常只有美美自己一個人，沒有其他大人陪伴。也因為如此，好幾次與美美接觸與觀察下來，發現他好像非常害怕孤單或被其他人孤立，也偶爾在永齡放學後找其他同學做伴，在外遊蕩直到晚上八、九點。

在學習上的逞強、反抗

家庭環境影響下，美美變得一方面很怕孤單，但卻又很獨立、很有自己的主見、好強。當課輔老師在上課或出練習題時，很常出現：「這麼簡單誰不會」、「我又不是笨蛋」之類的反應，美美有時候逞強說自己都會。當學習狀態好的時候，課輔老師發現美美不會的地方給予婉轉地提點時，是能虛心更正。但是，假如當天美美學習狀態不好、情緒不佳時，就完全抗拒學習，甚至出現：「我會幹嘛還要學？」的話語。而美美充滿逞強與反抗的態度，讓課輔老師、社工常常感到困擾、不知所措，而且班上同學看到美美向課輔老師缺乏尊重的態度，也開始跟著有樣學樣，讓整個班級的氛圍充滿反抗、躁動的狀態。

渴望陪伴的孩子

美美很渴望有人陪伴，但家庭缺少足夠的教育與關注之下，總是會用自己想要的方式與同儕互動，但卻不太知道怎麼拿捏分寸，有時他的行為會惹的其他同學不喜歡，像是：講話不經修飾或帶有許多批評的話語、不看場合就一個逕的講、打小報告等行為，甚至還有把同學鎖在教室的行為等等……這些行為，讓課輔同學懼怕她「大姊頭」的行為，只好表現上順從美美，但卻不會多親近或熱絡。雖然感覺在班上大家很聽她的話，但其實美美自己也知道大家「沒那麼的喜歡她」。然而美美其實內心是很渴望有人可以關心她、陪伴她，因此當逐漸感受到同學的疏遠、嫌惡的表情時，美美也是會感到在意、受傷。在充滿「大姐頭」的個性、行為裡，偶爾會看到美美帶點難過的神情，好像疑惑問著：「為什麼你們不喜歡我？」

我們這樣陪伴孩子

在一〇五學年度，美美起初進入課輔班時，在課輔班級表現出欺負同學，但同時也被班上同學討厭不理，以及時常用各種言語、行為測試課輔老師與社工的底線，甚至影響到班上的風氣，這些狀況著實讓永齡社工、課輔老師、還有學校方吃盡苦頭，傷透腦筋。

永齡社工幾經與學校教導主任討論後，決定每周四下午利用課後一小時的時間從鼓勵美美參與學校「跆拳道社團」，跆拳道的練習過程不僅提供美美體力上的發洩減少力氣去欺負同學，也透過跆拳道的嚴謹訓練，學習遵守團隊規則，也從跆拳道練習過程中學習跟同儕合作、切磋。校方也積極鼓勵美美參加校外比賽，從參與比賽的過程中，開始對自己的舉止要有榮譽心，且代表學校去比賽，有讓美美覺得有被看見、受到肯定的感受。

美美參與跆拳道過程中，對於自己的轉變也很有感覺的表示：「因為參加跆拳道之後，讓自己生活圈更豐富，也不太會對課輔同學攻擊。而且對跆拳道、體育產生興趣，更希望之後國中能報考體育班」。

老師們共同引導合適的言行舉止

不只課後輔導與陪伴，永齡透過社工專業的觀察與建議於每學期初與校方共同召開導師會議，研擬對美美一致的教育態度與合作機制。當課輔班無法處理美美的狀況時，課輔老師會透過永齡的「聯絡簿」，讓學校導師知道美美近期在課輔班的情形。及時的回報使得校方能第一時間了解課輔班情況，並且立即能於隔天陪同美美討論其昨天的行為那些是不太合適的。另外，永齡的「聯絡簿」都期待家長能夠簽名，透過課輔老師將美美的狀況寫在聯絡簿上，也有助於辛勤工作的母親能更了解美美更多的狀態，並知道學校、永齡的處理方式與態度，也有助家長增加管教的動機、增加母女之前的情感交流。

透過導師會議、聯絡簿機制，搭建出課輔老師、永齡社工與學校導師、家長有的溝通橋樑與回報機制，且校方溫暖且支持的站在永齡課輔班背後，讓社工、課輔老師面對美美的挑釁、攻擊行為時能更有團結一致的力量去處遇，讓美美從一次次的經驗中學習如何才是合適的行為表現與溝通方式，逐漸減少他人眼中的偏差、討人厭的行為。

透過品格教案活動、培養同理心

永齡分校在發展自己的特色課程時，發現品格養成對於學童的重要性，因而於一〇五學年度辦理品格養成的積點活動，學期間透過三個品格德目引像是：禮貌、尊重、禮節等引導學生表現良善的行為模範，課輔老師每周透過約三十分鐘的品格教案活動，經由繪本故事、影片欣賞、團隊遊戲等等，潛移默化學生行為規範，並深耕學生的良善品行，讓品格教育內化於學生生活當中。

記得有一次課輔老師帶領有關「排擠」議題的遊戲，遊戲規則是所有人圍成一個圈，輪流讓每一個人站在圈外，圈外的人須不斷嘗試任何方法進入到圓圈當中，而圍圈的人要想辦法抵抗不讓圈外的人進入。這次的活動中，課輔老師在引導課輔同學分享心情，當下的美美卻不發一語地靜靜坐在旁邊。待下課後課輔老師私下詢問，美美才說出自己對於這個活動很有感覺，因為自己知道同學沒有那麼喜歡自己，也感受到自己之前欺負同學的行為，其實會讓人不好受。透過品格教育的相關活動進行，讓美美更進一步去思考自己的行為舉止，同理他人感受，學習用禮貌、尊重的品格素養去對待自己與課輔同學。而美美更曾在一〇五學年度的「禮節」德目中，在班上拿到積分最高的品格王榮譽。品格教育在課輔班班級實施不僅是一種學習，更能在活動中了解品格的真諦。

鼓勵、讚美、給予孩子自信的多元舞台

活動的邀請都讓美美感受到被關心、陪伴的感受，一〇五學年末的暑假，這是美美在永齡的最後一次夏日英雄英文挑戰賽，他很積極投入永齡的活動，努力地朗誦英文文章。每當社工去學校時，美美總是拿著講稿「社工，你幫看我背的對不對」、「社工，你幫我考試」，其實一開始不願意朗誦，因為她覺得自己的英文程度不好，也背不太起來。但幾經課輔老師的不斷鼓勵讓美美逐漸建立信心，勇敢拿起講稿努力背誦；甚至在英文的團體表演賽時，更擔任重要的主唱角色，且在舞台上大聲的唱英文歌，與同學們一起努力演出，為的是讓課輔班有個亮眼的表現。

記得最後帶美美參加火車畢業之旅，美美依然很雀躍告訴社工：「我們要一起搭火車去高雄」；然而直到出發當天，美美卻很臨時地告訴社工說：「我不想來」社工與課輔老師只能不斷說服美美前來，終於在出發的最後一刻，美美來了！而這個出發前的小插曲也讓我有機會再與美美多聊，當我進一步詢問為什麼

突然不願意來，美美表示：「因為家裡沒有大人可以載她來，大家都出門了。」接著我詢問美美：「你前一天晚上有跟媽媽說嗎？」美美突然沉默，也許因為家人的工作忙碌而忽略掉美美的需求，但他是個貼心的小女孩，不願意讓家人為難，因此才臨時說不去了。看到這樣的美美，我感動的跟美美說：「其實你很貼心，而且你在永齡真的轉變很大，變得很替別人著想，也改掉很多欺負同學的行為，這真的是很不容易的改變，你真的很棒」。

畢業後的美美，家庭功能可能依然無法給她充足的關心與陪伴，但是相信在永齡社工及課輔老師的協助下，讓美美在國小時期能逐漸找到自信心、同理心與認同感，也多虧許多出遊或活動的舉辦，讓美美能有更多的生命體驗以及成就感的出現，讓原本只有霸氣的美美，逐漸變得活潑外向、會與課輔同學友善的互動、聊天，也學得跆拳道的一技之長，在美美的心中種下一個品格的種子，在未來的日子中發芽長大茁壯心智，健康的長大。

— 美美的需求診斷結果 —

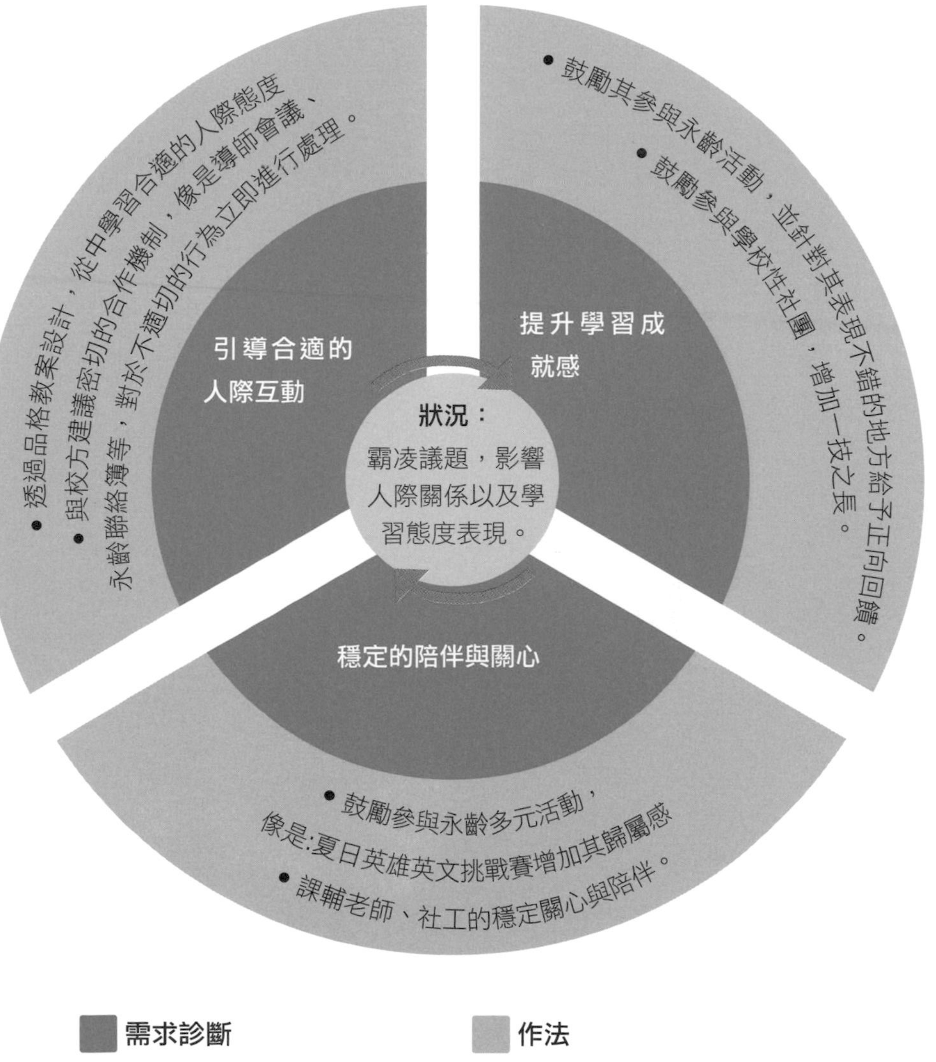

• 透過品格教案設計，從中學習合適的人際態度
• 與校方建議密切的合作機制，像是導師會議、永齡聯絡簿等，對於不適切的行為立即進行處理。
引導合適的人際互動
• 鼓勵其參與永齡活動，並針對其表現不錯的地方給予正向回饋。
• 鼓勵參與學校性社團，增加一技之長。
提升學習成就感
狀況：
霸凌議題，影響人際關係以及學習態度表現。
穩定的陪伴與關心
• 鼓勵參與永齡多元活動，像是:夏日英雄英文挑戰賽增加其歸屬感
• 課輔老師、社工的穩定關心與陪伴。
需求診斷
作法

VOL.26

有愛，就無礙

替茲珈打造無差別的學習環境

「老師，茲珈她一直看著我笑很奇怪欸！」
「茲珈，老師在跟妳說話妳為什麼一直笑！」
「社工，腦麻的孩子你們收嗎？她只是肢體不便……但因為孩子個人學習動機低落、在學習上也缺乏督促……希望小學能夠協助她嗎？」
腦麻?!除了肢體障礙外，其他真的都沒有問題嗎？
第一次接受腦麻的孩子申請入班，我們真的可以給予足夠的協助嗎？
抱著每個孩子我們都不想放棄的決心，我們收下她了。

茲珈因為早產導致腦性痲痺，隨著腦部機能異常伴隨而來的是天生長短腳行動不便，行走時必須倚賴助行器支撐，但是經過長時間的復健後，現在短程的距離是可以不靠輔具自主行走的。

剛進入希望小學時，班上同學面對運動功能不佳的茲珈有些不知所措，而茲珈為了引起其他同學的注意，時常會轉過頭看著同學傻笑並發出：「嘿嘿嘿」的聲音，但礙於平衡及肌肉的張力問題，茲珈要維持肢體協調相當困難，所以姿勢容易歪斜，讓別人看起來感覺輕浮又詭異。往往因為如此，被茲珈盯著看的同學時常覺得不舒服，甚至直接罵茲珈、疏遠茲咖，導致下課時茲珈常被晾在一旁，無法打入群體生活，茲珈的人際關係遭遇了很大的挑戰……。

先天障礙、家庭不捨責備

茲珈從小父母就離異，她與弟弟一起跟著爸爸、祖父母生活，爸爸自行經營小吃店，天天都忙於工作，所以生活起居皆由祖父母照顧。因為肢體不便讓阿公、阿嬤十分疼惜，幾乎是無微不至的照顧並滿足所有需求，卻忽略了茲珈應該要學習的自我照顧能力及與人互動的社交能力。

在學校裡茲珈因為肢體的不便，導師也會體諒茲珈的運動功能障礙，不僅有諸多寬容也會請同學給予協助。但面對這樣的援手，茲珈變得很理所當然的接受了所有的特權及協助，也習慣了被人照顧的生活，而忘記了應該感恩大家協助的一切，長久下來讓同學們怨聲連連。

學習態度問題、人際互動障礙

茲珈因為肢體不便，從小就缺乏自信又容易依賴他人，所以不懂得如何與人相處，在課堂上時常用耍賴的方式，認為只要撒嬌、耍賴，老師就拿他沒辦法。也發現原來用表情、眼神是可以引起同學及老師的注意，所以開始用錯誤的方式與他人互動，不僅沒有達到社交的效果，反而與同學更為疏離。

茲珈剛開始進入希望小學時因為有著與別人不一樣的行為舉止，同學們也因為無法同理茲珈的行為，而紛紛疏離她並出現言語攻擊。頻繁的人際衝突加上不積極的學習態度讓老師十分苦惱。每次上課總要處理同學與他之間的紛爭，讓社工及課輔老師心力交瘁。

新的學期甚至有想過茲珈入班的合適度是否會影響其他同學學習，但是我們決定用新的班級經營方式，以「無差別」為核心，建立正向的互動與平等的環境塑造。

覺察理解自身行為表現

在上課前我們與課輔老師一起討論並請課輔老師觀察茲珈的課堂行為，除了班上同學的情緒反應外，老師若發現茲珈的態度有問題，也會提醒茲珈這樣舉止會讓人覺得不舒服。例：發現茲咖因想要與其他同學一起玩，而一直盯著同學看。當下老師即可與茲咖討論該用什麼樣的態度及方式互動才可拉進與同學之間的距離。

建立正向的同儕互動

第一堂課，老師說明班規的同時也告訴大家班上有一位需要幫助的同學，並安排小天使坐在茲珈旁邊，讓茲珈及同學們知道該如何友善對待被協助者及協助者。並鼓勵大家下課時要帶著他一起活動，要玩茲珈也可以加入的遊戲，不要造成有人落單。

剛開始大家玩起了鬼抓人的遊戲，但鬼抓人這項遊戲需要快速移動，實在不適合茲咖。大家再次討論除了鬼抓人以外，還有什麼遊戲是適合茲咖的呢？有些同學也發現鬼抓人茲咖會來不及閃避，所以建議改玩躲貓貓的遊戲。因為不需快速，就算當鬼也可以很從容的尋找同學，茲珈玩得非常開心。很欣慰同學們有看見茲珈的困難並學習包容及合群，也讓茲珈能一起參與大家共同玩遊戲的快樂。

創造平等環境

不因為茲珈的肢體不便，就減少了需共同分擔的任務，我們希望透過一樣的任務，同時從三個面向來幫助茲珈。

一、多走動刺激肌肉復健。

二、一視同仁降低同儕間的攻擊性。

三、珍惜和尊重。

所以茲珈一樣需要幫忙打掃教室環境、一樣要自己繳交聯絡簿、練習卷等，老師會依狀況調整任務的難易度，但若評估茲珈是可以做到的，則不輕易讓茲珈耍賴逃過。

某次茲珈拿著掃把站在位置上晃著晃著，才知道原來茲咖在家甚至在班上都不用做打掃工作。確認和詢問了茲咖對於被分配到「掃地」工作並無生理（肢體）上的困難後，堅定的要求茲珈把工作做完。當天阿公剛好佇立在門口目睹了整個過程，藉機與阿公溝通「在學校由老師要求茲珈做好她可以做的事，但家人對茲珈來說也是很重要的影響對象，回家後，希望阿公你們也能一起堅持、一起督促，才會讓她慢慢建立生活自理能力！」每一次上課，老師持續提醒著茲咖，茲珈漸漸對完成打掃工作更有信心和願意，看著茲珈認真的背影，我們能感受到她想要改變的決心。

參與多元活動，培養非認知能力

暑假期間，希望小學帶著茲珈參加多元活動，因為當天活動地點移動都需用步行的，光是抵達主要活動地點就已經消耗了茲珈大部分的腿力及體力。「社工，我今天走好多路不想走了，下次要叫爸爸不要幫我報名。」茲珈在活動過程中不斷重複著這樣子的話，我也思考著：今天的活動，是否太過於勉強茲珈了呢？但腦麻的孩子通常伴隨著肌肉張力不足，若是沒有持續活動，反而會讓肌力更加萎縮更不良於行。雖然心疼他的辛苦，但知道這是對他最好的練習。

過程中茲咖雖嘴上抱怨著，但臉上的笑容沒有停下過，一整天都很努力的跟著大家的腳步，並且都有對幫忙的同學表達感謝！有障礙的孩子並不是只能被擺在溫室裡小心地呵護著，而是更應該讓他們體驗不同的生活經驗，培養克服困境的能力，更是對其他孩子們最好的生命教育，由觀察進而協助去學習感受、同理身障人的辛苦。

同儕間的愛，讓一切無障礙

慢慢發現茲珈在社工及課輔老師的要求及配合下，行為舉止及人際互動都有所進步，同儕的包容與協助發揮了強大的影響力，茲珈開始會懂得感謝、不依賴他人。茲珈的小天使也從一個人變成了全班，看到茲珈需要幫忙的時候大家都會默默的上前去協助，不再需要老師提醒。班上的互動變得和睦，下課時同學會帶著茲珈一起加入遊戲並協助移動，更可愛的是有時還會自己跑上前讓當鬼的茲珈抓到呢！

透過課輔老師的用心安排及一視同仁的態度，順利營造出和諧的上課環境，不僅讓茲珈獲得友善的學習環境，也讓其他同學學習到互助的精神。期望我們還能繼續努力，讓茲珈除了獲得課業上的協助外，最重要的是改善人際關係及積極面對生活上所有的困難並學著去克服。我們也會繼續帶著「有愛無礙」的心去協助及陪伴更多孩子成長。

— 茲珈的需求診斷結果 —

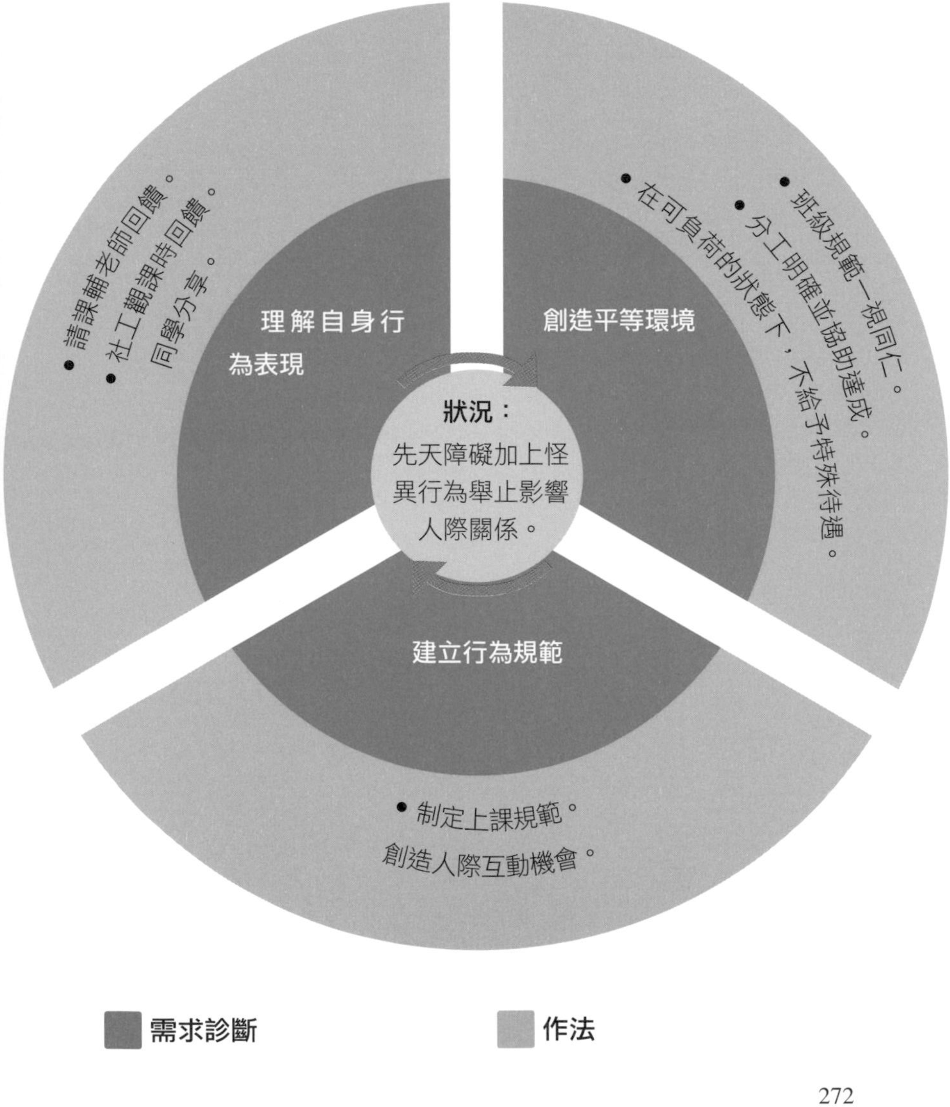
狀況：
先天障礙加上怪異行為舉止影響人際關係。
理解自身行為表現
• 請課輔老師回饋。
• 社工觀課時回饋。
同學分享。
創造平等環境
• 班級規範一視同仁。
• 分工明確並協助達成。
• 在可負荷的狀態下，不給予特殊待遇。
建立行為規範
• 制定上課規範。
創造人際互動機會。
需求診斷
作法

VOL.27

我想跟你當朋友

大洋只是靜不下來，需要關心而已。

大洋的班導劉老師，有一次對我說：「還是不要讓大洋參加你們永齡了！」

劉老師口氣裡充滿無奈，並沒有要責怪永齡的意思，而是對於大洋在課輔班的搗亂，感到無奈，不如讓大洋離開以免造成更多事端。

班導劉老師曾跟大洋說：「你不要再去永齡上課了，讓同學和老師很困擾！」但大洋卻跟班導說想繼續到永齡上課，我聽著班導述說著大洋多麼喜歡到永齡上課，感到欣慰，但也同時困惑，為何大洋喜歡來上課又這麼愛搗亂？

大洋每次都準時出席課輔班，卻是課輔班的問題人物，常讓課輔老師頭痛不已。總是靜不下來的大洋，常上課上到一半，就擅自離開座位，躺在地上或是躲在桌底下，做自己認為有趣的事，也不聽老師的課程安排與勸導。此外，也會一直打擾同學，擅自動同學的東西，有一次，還把同學的造型自動鉛筆弄斷，讓同學為此大抓狂。每到下課時間，即使同學不太想理他，大洋也會一直去找同學玩，有時玩過頭，力道沒控制好，就會不小心讓同學受傷，同學的家長也多次來學校找大洋討公道！種種的狀況讓同學愈來愈不喜歡跟大洋一起玩，也讓同學與家長們常告狀，甚至也有家長特別跟我約談，拜託我讓大洋離她的兒子遠一點。

為了避免大洋再次不小心傷害同學，也為了保護大洋被同學和家長投訴，種種不得已的情況下，只好先把他與同學們區隔開來，安排在老師旁邊的「特別座」，只是我也在思考著：這個座位真的是屬於大洋的嗎？大洋不也在找一個屬於自己的位置嗎？

孩子的位置在哪裡嗎？

大洋的家長一直沒有簽聯絡簿，包括白天學校課堂上的聯絡簿也一樣，我好奇的問：「大洋回家，家裡有人嗎？」大洋回說：「沒有。」我接著問：「那你晚餐都吃什麼呢？」大洋：「爸爸會給我錢，自己買炒飯或炒麵吃。」當時的我，只是簡單的關心，發現大洋開始有了轉變，開始比較能配合課輔老師的安排，也較能好好的坐在自己位置上，這時候我發現，大洋要的很簡單，就是希望有人關心他，喜歡來永齡，是因為這裡有一群人可以陪伴他。

我看見大洋開始想要試著改變，但卻很有限，大洋跟同學玩的過程中，還是無法控制自己的力道，也還是會忍不住想要亂動同學的東西，我在一次次跟大洋的溝通過程中，發現大洋很清楚知道自己哪裡做錯，每一次在發現自己做錯事情後，也是垂頭喪氣的樣子，似乎很沮喪自己一直改不了！

記得一次，我騎著車，看著孩子們放學走在回家的路上，沿路上，看見大洋一個人默默的跟在同學們的後方，沒有同學想跟他走在一起，這時候我在想，他回到家，不也是一個人嗎？若是家裡、學校都沒有大洋的容身之處，那他到底可以在哪裡？

我們這樣陪伴孩子

班導劉老師對大洋很關心，但也相當無奈，因為大洋不只有在課輔班才發生這些狀況，白天課堂中，也出現被排擠、靜不下來的狀況。劉老師跟我說，大洋的狀況很像過動症，本想請家長帶著大洋去就醫進行診斷，但爸爸難以聯繫，現在主要是透過姐姐來協助生活照顧，但姐姐年僅十八歲，忙著打工，根本也無暇好好的陪伴與照顧。因此班導與我討論後，決定一起到大洋家中，希望能夠跟爸爸和姐姐，好好的討論孩子在學校與課輔班遇到的狀況，希望藉此讓爸爸對於大洋的照顧更重視。

與班導師合作，一起至家中進行訪視

我與班導師一起到了大洋家中，大洋的爸爸與姐姐都在家，我與班導述說了孩子在班上被同學排擠的狀況，接著邀請大洋的爸爸與姐姐一起幫助大洋，在家訪過程中，歸納出四個重點，大洋的爸爸與姐姐也表示願意配合：

一、大洋的衛生習慣：需要爸爸一起照顧，像是洗餐袋、剪指甲、頭髮等。

二、大洋的生活照顧：大洋每天上課遲到，導致同學們對大洋觀感不佳，故請爸爸協助叫大洋起床。

三、爸爸對大洋課業重視：希望爸爸學習做一個父親，從在意孩子的學業開始，大洋需要爸爸的在意。

四、大洋在學校會有這麼多狀況，推測大洋可能患有過動症，建議爸爸或姐姐帶大洋就醫，若真患有過動症，進行治療，才能真正改善大洋的處境。

讓大洋與同學學習溝通與包容

請每位同學在紙上寫出：「最喜歡班上的哪位同學？為什麼？」請每位同學在紙上寫出：「最討厭班上的哪位同學？為什麼？怎麼幫他／她？」

目的是希望課輔班的同學，能夠理性去思考，對於大洋的排擠，是一昧從眾，還是真的有原因，若有，是否也請大家一起發揮同學愛，一起幫大洋想辦法。在第一、二個小活動進行結束後，我把大洋找出來，問大洋：「知道同學都不喜歡你嗎？」大洋：「知道。」我又問：「大洋想要繼續下去嗎？」大洋搖頭：「不想。」我問：「有想改變嗎？」大洋肯定的眼神說：「想。」

接著我請大洋勇敢的說出自己到底對同學做過什麼事情，讓同學不開心，接著請大洋一一的向同學道歉，這個過程中，似乎化解了同學們對大洋積怨已久的不滿情緒，接著大家一起幫大洋想，大洋可以怎麼改變，具體的把它寫在黑板上，大家決定一起來幫助大洋。

社工陪同大洋就醫診斷

在我與班導一同家訪後，大洋的衛生習慣，有了些許的改善，像是頭髮和指甲會修剪、聯絡簿開始簽名，但可惜皆未維持幾天，大洋的爸爸還是難以聯繫；姐姐還是忙著打工，家中依然沒有人可以履行承諾，帶疑似患有過動症的大洋就醫。

在過程中，我連續一個月的時間，幾乎每天都會打給大洋的爸爸，有時關機、有時鈴聲響了許久未接，但從不回電，即使聯繫上，承諾會找時間帶大洋就醫，也遲遲未安排，在與大洋父親聯繫的過程中，我明顯感受到，大洋的爸爸因有諸多的困難而無法善盡父親的義務，倘若我繼續等待大洋爸爸履行承諾，那就是耽誤到了大洋。

因此，我看著大洋很想改變，卻又控制不了自己的狀況下，決定由我自己陪同大洋到兒童心智科，於是，我開始門診預約，並請大洋爸爸空出時間，我們一起陪同大洋就醫，也希望透過這個過程，讓大洋爸爸學習擔負做爸爸的角色和責任，但，記得第一次與大洋的爸爸約好看診時間後，爸爸表示自己要工作，無法陪同大洋就醫；第二次約好看診時間後，我已經到了大洋家，卻找不到大洋的爸爸，電話也聯繫不上，後來大洋說：「爸爸去釣魚了！」面對這樣的情況，讓我當下鼓勵大洋說：「大洋要學習把自己照顧好，知道嗎？」大洋點點頭，似乎很清楚，爸爸沒有辦法照顧他。

按時服藥，大洋更穩定了

在陪大洋第二次就醫回診後，醫生確診必須接受治療，才能改善目前的狀況，陪著大洋領完藥之後，我很擔心大洋會忘記要吃藥，一路上不斷的確認知不知道什麼時間要吃藥？什麼時間要回診？很意外的，大洋很清楚的一一講出來，更意外的是，班導師後來跟我說，大洋每天早上都很準時的服藥，而班導師也說明，服藥後，能夠專注的坐在自己的位置上，也不會像以往一直惹同學和老師不開心，不僅人際關係轉好了，大洋也因為感受自己顯著的進步，而變得更有信心，也表示很喜歡自己現在的樣子！

現在大洋的聯絡簿，有時還能連續幾天都看到爸爸的簽名，這對過去大洋爸爸來說，是不可思議的改變，我看見我們對孩子的陪伴，不僅孩子感受到了，連孩子身邊的家人也能一起感受！現在大洋能夠學會控制自己的狀態，與同學相處和睦，在課輔班上的學習也變得專注許多，不再是課輔老師口中的麻煩人物。

現在回過頭來看，大洋過往讓人頭痛的行為，只有一個原因，就是：「很想跟大家當朋友！」大洋需要的是陪伴與關愛。大洋的故事還沒結束，期望透過大洋持續的改變與我們的陪伴，進而能夠影響到大洋爸爸，學習給大洋一個更完整的家。

—— 大洋的需求評估結果 ——

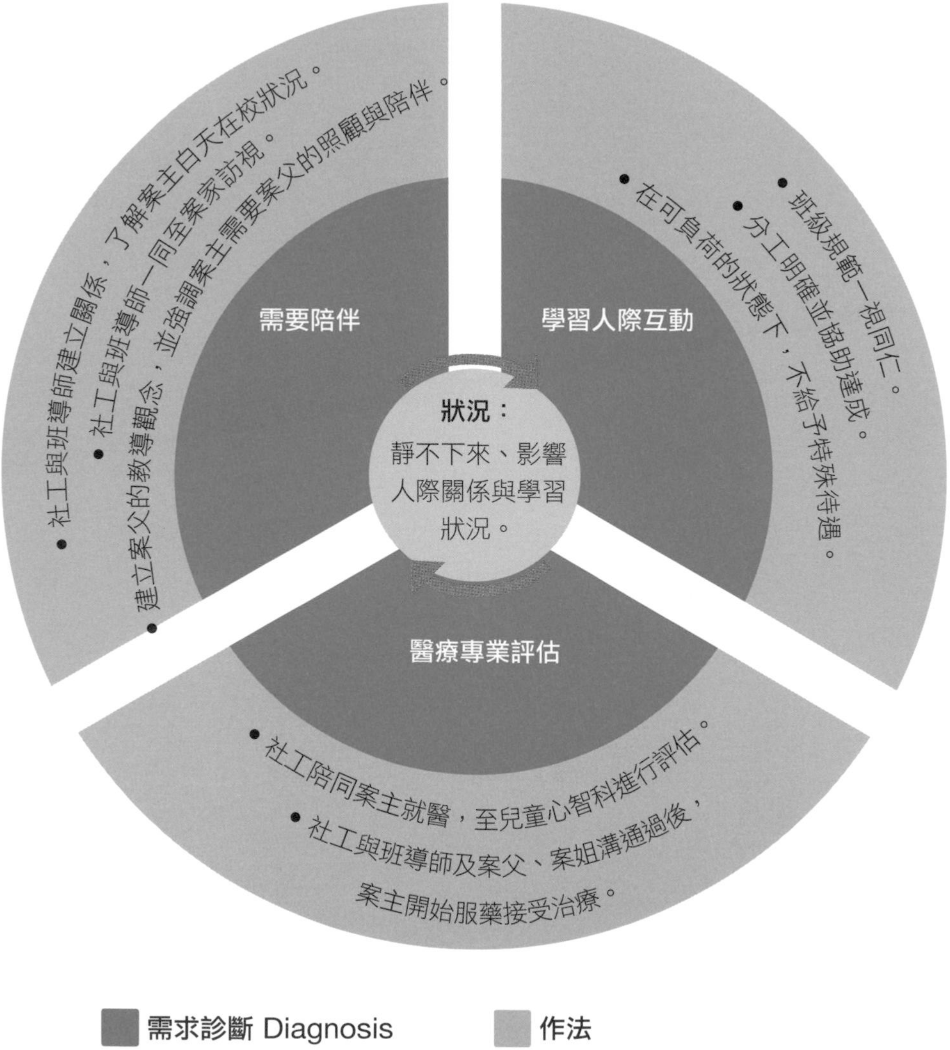
狀況：
靜不下來、影響人際關係與學習狀況。
需要陪伴
• 社工與班導師建立關係，了解案主白天在校狀況。
• 社工與班導師一同至案家訪視。
• 建立案父的教導觀念，並強調案主需要案父的照顧與陪伴。
學習人際互動
• 班級規範一視同仁。
• 分工明確並協助達成。
• 在可負荷的狀態下，不給予特殊待遇。
醫療專業評估
• 社工陪同案主就醫，至兒童心智科進行評估。
• 社工與班導師及案父、案姐溝通過後，案主開始服藥接受治療。
需求診斷 Diagnosis
作法

VOL.28

尋找向陽處的向日葵

勇敢的面對生活的困難，讓自己更好的阿海

「一遇到不合心意的事情就會爆粗口，甚至出現攻擊他人的行為」

「學長姐之前就是這樣對我們，為什麼我們不可以？」

「我們學校有一位學生——阿海，想要推薦他上希望小學，他們家小孩人數眾多，爸爸曾有被導師通報家暴的經驗。如果社工要家訪的話可能要先聯繫阿海媽媽看看，但媽媽留給學校的聯絡方式只有一組號碼，聯絡上比較不容易！」

這是我們收到報名表時，同時附帶的訊息。

社工幾乎每學年度都必須到阿海家訪視一次，因為阿海家的家庭成員眾多，從大姊、二姊、三姊都是我們服務的個案，每隔一年到兩年阿海家陸續會有新成員報到，然而阿海家對於孩子的教養方式有自己的想法跟觀念，旁人無法給予意見。這次接到消息「如果社工要家訪的話可能要先聯繫阿海媽媽看看，因為我們學校也只有這一支電話，要早些連絡，因為真的很難聯絡上！」所幸在這幾年的服務中，分校社工與案家一直保持著正向的互動及聯繫，這也已經是分校社工服務案家的第四位學童了，最終順利地完成個案工作申請與蒐集資料的程序，接案前的擔憂也就一掃而空了。

阿海的暴力行為其來有自

阿海在學校容易與同學發生衝突，一遇到不合心意的事情就會爆粗口，甚至出現攻擊他人的行為，學校老師也相當頭疼。

前幾次的家庭訪視都是與阿海的媽媽聯繫，那一次也是我初見阿海的爸爸，爸爸是位非常高大且個性爽朗的阿美族勇士，在爸爸的談吐間，偶爾會參雜一些加強語氣的語助詞，同時與爸爸聊聊學校通報家暴的事，或許在爸爸生長的部落或是環境背景中，管教孩子的方式就是這樣，也從來沒有想過自己會被學校通報成家庭暴力事件。爸爸在訪視的過程中無奈表示：「自己在家庭暴力防治教育的課程中，已經習得一些養兒教兒的正確觀念，還在適應當中，都是自己的孩子我怎麼可能會打得怎麼樣，對不對？」家訪後深刻了解，阿海爆粗口及行為衝動、暴力的行為，可能是在原生家庭生活下所反應出來的行為而已。

逐步化解阿海的暴力與情緒

還記得某一次入班的時候，看見阿海情緒非常的不穩定，東西都用丟的，翻書也翻得很大力，不穩定的情緒慢慢在課輔班裡蔓延開來，直到課輔老師請阿海協助關窗戶時，只見他用力甩上窗戶，碰！的一聲巨響，吸引了我的注意，我請所有學童離開教室，面質了阿海，同時詢問舉動背後的動機，而阿海用兇狠狠的眼神與我對質，當我將剛剛看見的舉動一一列舉時，阿海的眼神不一樣了，有些膽怯，也帶點心虛，不再是這麼銳利了，這是我們第一次的衝突。

某日班上的同學正在聊天，突然有人爆了一句髒話，這時阿海衝到那位學童的面前，直接地賞了一記耳光，對於阿海的動作及行為早已觀察許久，發生事件的當下我與課輔老師相當有默契地共同處遇這個突發事件，課輔老師安撫被打的學童；社工則將阿海喚到身邊，進行行為矯正處遇，並表示：「雖然我可以贊同你提倡不說髒話的行為，但也非常不贊同你處理的方式」，雖然起初阿海的臉很不耐煩，嗆明一句：「學長姊可以，我為什麼不行？」，當下我沒給予過多情緒反應，只要求他自己需要回去思考這件事情的妥當與不妥當之處，這是我們第二次的衝突，也是最後一次。

之後當阿海若在無意間說出穢語時，下意識裡會趕緊摀上自己的嘴巴，這樣的舉動，讓我感覺相當欣慰，因為阿海從內心理解並希望自己不要說穢語，唯有察覺自己的行為，才有機會改變。

勇敢面對，就能擁有力量

阿海在家中排行老四，上有姊姊、下有弟妹，大孩管中孩、中孩管小孩、小

多用鼓勵的語言代替責罵，讓阿海判斷自己行為開始學習。

孩管小小孩，在阿海家這些都只是稀鬆平常的事情而已，課業指導、家事、日常清潔等等……都是他們一起分攤的工作。某次三姊弟同時請假，事由是因為家裡有事情，我隨口問了一下：「是發生甚麼事情了嗎？還可以嗎？」大姊輕輕的說：「我們是要回去倒垃圾，是媽媽叫我這樣講，社工才會答應。」我聽到的當下是百般的無奈，同時與孩子們說：「你們想回去嗎？」孩子們搖著頭齊聲地說：「不想！」我回：「好，那你們先回各自的班級寫作業，我試著與媽媽聯絡，如果打不通，會再傳訊息跟媽媽知會一聲，去吧！」

隔天再見到孩子們的時候，二姊跟我說：「媽媽昨天罵完我們以後叫我們去罰站，說我們不聽話。」我當下是非常心疼孩子們的處遇，心想阿海家裡現在的情況到底是什麼樣子的，爸媽不是都待在家嗎？為什麼一定要這些孩子回去倒垃圾？他們真正需要的是更穩定的學習啊！

我記得《早熟小大人——談「親職化」兒童》（張耐、吳沛紋，2013）一文曾指出：「過度親職化的角色，使他們失去童年的歡樂，也造成對未來希望幻滅，甚至成人後出現偏差徵狀。」有機會的話我想嘗試著改變孩子們的現況！鼓勵孩子將某些責任還給父母，避免孩子過度扛起父母責任，有時候適時的幫助父母是有益的。也許改變沒辦法即時見效，但只要一起努力，我們會不一樣！

我們這樣陪伴孩子

入班後期許慢慢建立正確的學習態度，以行為改變技術，提升自我約束能力。入班後由課輔老師帶領孩子一同討論班級規範，並當孩子出現期待的適當行為時，給予物質上的獎勵或口頭讚美，以增加該適當行為發生的機會，逐漸降低負向行為出現的頻率，提升自我約束的能力。

社工、學校、家庭三方合作

多與校方及家長討論孩子的行為問題及處理辦法，多用鼓勵的語言代替責罵，讓阿海判斷自己行為開始學習，教育負向言行所帶來的利與弊，讓阿海明白無漏洞可鑽，同時看見自己改變後的美好，共同改變孩子負向言行的問題。

同儕團體活動與多元活動

利用暑期課輔班的空檔時間，設計一個混齡團體活動，先由社工說一個故事的開頭，再由高低年級穿插完成一個完整的故事，組成一個有趣又天馬行空的故事，增加阿海學習傾聽他人的可能，在活動結束後選出最佳故事者，打破高年級與低年級的隔閡，增進同儕間的關係。

良好的互動，穩定陪伴關係

鼓勵阿海參加多元活動，在活動的準備期，讓阿海有實際參與活動的設計與規劃；在活動的預備期，參與活動細項的接洽與安排；在活動的執行期，檢視活動的流暢性及排除預期外的事項；在活動完成期，檢討活動心得與總討論，成為下一屆的小小導師。

參與基隆小小導覽員活動時，阿海擔任台南學童的在地導覽小天使，而在暑期課輔班課程結束時，仍要來學校練習導覽的路線及在地歷史與文化的背誦，雖然嘴巴時常嚷嚷、抱怨，但從阿海緊張又期待的表情，可以感覺到對阿海來說這是一個責任跟必須完成的任務。

完成任務的當下，成就與喜悅是一種爽快，也是從課本裡學習不到的，唯有盡力做好，才能得到台南學童相同的回報，並且深信一件事情，只要當我們努力付出，就能得到回報，這是種善的循環。整個活動過程中，印象最深刻的是阿海用幾天活動省下來的錢，選擇吃了一餐火鍋，因為可以大家聚在一起聊天，也說從來沒有跟社工一起吃火鍋的經驗，阿海與其他孩子們討論活動過程與發生的趣事，那種充滿自信與興奮的神情，搭配誇張的肢體動作，我甚至沒有聽清楚孩子們討論的內容與過程，但我確信這是阿海嶄露陽光的那一面。

在與阿海工作的這段時間裡，我們從衝突到共融，也從無法控制的負向言行到可以自我覺察，永齡社工服務就像給了阿海一抹陽光，而他正是一朵溫暖而堅毅的向日葵，向著陽光並堅定的存在，他說：「社工老師我未來想當警察！」而我說：「加油，只要相信，就會看見！」。

經過就醫與課間活動的安排，大洋逐漸穩定，同儕關係也獲得改善。

— 阿海的需求診斷結果 —

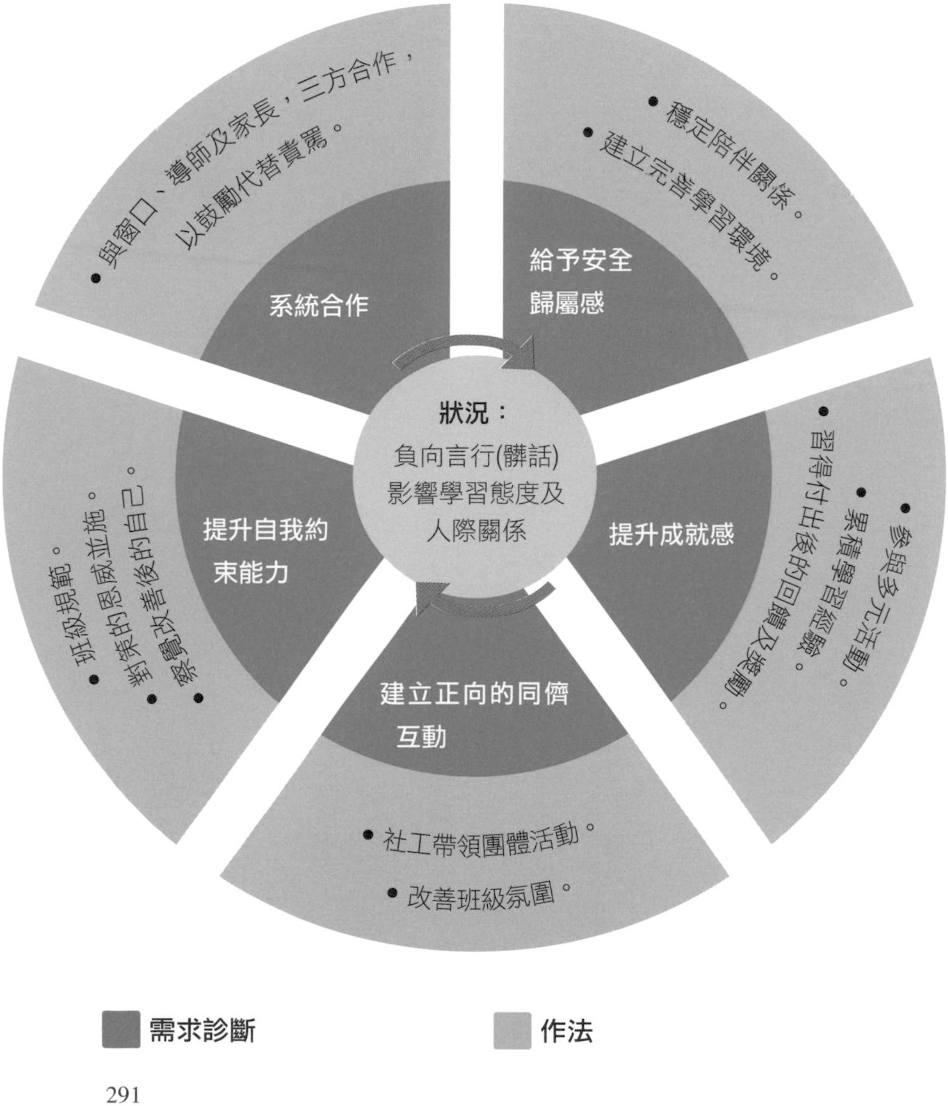

VOL.29

飄蕩的種子，等待發芽

阿君的優勢需要被看見

課輔老師反應阿君上課的時候總是會遲到！

不過，今天只有遲到十分鐘。

三年級的阿君上半天課的時候，會先參加社團活動再到永齡上課，社團結束後，總喜歡慢慢的在校園欣賞校園風光或是賴在社團教室裡，拖到最後一刻，學校廣播，才一路狂奔匆匆忙忙地進入教室。

一大早，進到辦公室，剛坐下來，喝杯水沉澱自己，進入工作狀態，正思考要如何改善阿君遲到的問題的時候，電話響起，學校窗口老師那頭傳來擔心又焦急的聲音告訴我，發生很嚴重的事。阿君偷拿我們課輔班原班級學生的繪本，而且繪本還被破壞了，繪本的主人很難過，因為那是媽媽送給他的禮物，為了這件事情雙方家長都到學校來了解和處理，最後達成的協議是賠償一本新的繪本，而賠償那本繪本的金額，夠阿君好幾天溫飽。

老師繼續訴說著阿君的處罰還有之後要注意的事情等，掛上電話，我腦子裡浮現的是為什麼是繪本？還有之前社工留下的個案資料：「國語和英文需要加強、雖父親已不在，但仍會在學校談到爸爸和他生活的總總或穿拖鞋到校、衛生狀況不佳、人際互動不良、常功課忘了攜帶、注意力不集中……。」

只是愛惹事搗蛋的孩子嗎？

媽媽平日清晨即需出門工作，從事清潔打掃。有工作的時候，身兼數職，工作忙碌，很晚才回家；沒有工作的時候，撿拾回收物品賺取生活費，也會遇到無法繳房租的狀況，媽媽只好先跟朋友預借支付房租。

生活上，學校老師表示阿君放學或教會結束後，常常處處遊蕩至八點多，到處去鄰居、同學家按門鈴串門子，這樣的環境下，從小阿君必須學著自己照顧自己，跟不同的人互動，很世故也會看大人的臉色。

課業上，大陸籍的媽媽對於繁體字的理解以及學科指導有限，加上下班時間較晚。阿君因此下課後到處遊玩，作業亦多無法完成。在學校也因為無法專心上課，影響學習及人際關係。

我們這樣陪伴孩子

繪本破壞事件發生的時候，阿君原班級的老師提出長期觀察阿君的行為反應後，建議媽媽帶孩子進行專業醫療鑑定。阿君被醫師診斷患有「注意力缺陷過動症（ADHD）」需服藥及行為改變技巧來改善阿君容易受到周遭環境影響、愛說話、大吵大叫、無法安靜學習的狀況。

積極傾聽，建立關係

雖然雙方家長已經談妥繪本後續的處理，社工覺得有必要聽聽阿君的說法，當天就到學校，希望找他特別談談。從走廊最遠的那頭，一個小孩書包背得歪歪的，手上掛著便當袋，一路朝著課輔班搖呀晃呀地慢慢地走過來，燦爛的笑容，讓我差一點都忘了繪本的事。

等他把書包放好，請阿君到教室外頭其他孩子看不到的地方，我問：「跟我說說繪本的事情吧？」他說：「什麼事？」我繼續等待著，他一雙水汪汪的大眼睛轉呀轉，沒想到我這個剛認識的社工怎麼會知道這件事，也似乎正在思考要怎麼說。最後，他說寫功課需要繪本閱讀，就跟順手拿了抽屜裡的繪本，本來有打算放回去的，但不小心弄髒了，所以不知道該怎麼辦？大眼睛裡的淚水已經潰堤，我問為什麼需要繪本不跟媽媽說或是跟學校圖書館借？阿君的回答是因為忘了借，而且繪本很貴而且媽媽沒錢去買。一說到這阿君哭得更傷心。

聽完整個事件發生的原因後，社工承諾會把事情的經過好好說給媽媽聽，不能保證媽媽就不生氣了，但希望媽媽能夠聽聽你的說法。希望你了解到衝動的結果，讓很多人不愉快、難過。「人都會做錯事，老師在意的是你有沒有被誤會？有沒有受委屈？老師願意聽你說，同時老師希望你可以學會的是負責、不要重蹈覆轍！」她擦乾眼淚，並與我分享在這次繪本事件中學習更適當的處理方式以及日後判斷事情的原則。

老師也需要被關懷和輔導

在這個個案中，我們也看到教育工作者對輔導特殊境遇學生的用心，而社工人員除了關心孩子的變化與人格發展，也要與上課老師密切配合，除了對年輕教師的支持打氣。我們更積極的彼此互相討論教學與班級經營的方式，重新訂立班級公約、調整座位、在黑板上寫上課程時間規劃表，建立方法改善。為了提升阿君對於數學和英文的興趣，把遊戲帶進班級，例如：數學大富翁、英文繪本，提供阿君參與、創造的空間。

安排教學助理進班，教學助理會和課輔老師一起討論班上學生的需求，準備學習單或活動，讓孩子們在下課或課程進度完成之餘，可以有不同的活動或練習，對孩子來說是不同的刺激，可以提升學習成效。

接下來，社工希望串聯課輔老師們、導師還有媽媽，建立起暢通的溝通，分享阿君在家在原班在希望小學，不同環境的狀況。不只有阿君需要幫忙，陪伴在他身邊的所有人也同樣面臨挫折，教學上的挫敗、教養的無力，分享彼此和阿君相處的經驗與方法，讓成功的經驗和方法可以不斷累積！

串聯起大家對阿君的關愛

某一天，課輔老師說阿君突然請假（學校的課程也請假），詢問過師長們發現原來阿君的媽媽因為慢性病病倒了，需要住院治療，為了照顧媽媽未能到校上學，所幸媽媽狀況好轉，隔天阿君就回到學校上課了，社工還是前往醫院探視阿君媽媽，媽媽看到我們來好開心，一起聊著阿君從一開始到現在的進步，表示我們會持續關心阿君，也請媽媽好好休養，有需要我們幫忙的可以跟我們連繫，我們可以一起想想辦法。

我不知道阿君知不知道我們到醫院探視，但我可以感覺到阿君的狀況似乎也比較穩定，不久後，媽媽順利出院。疾病，隨時都有可能影響整個家庭，對於支持系統薄弱的弱勢家庭更是如此，孩子也不會只是單純的不想學、學不會，而是他的生命裡還有其他比「課業」更需要她擔心、煩惱的，而促進友善的學習環境是希望小學團隊使命。

撕掉負面標籤，自信提升！

永齡團隊與課輔老師們，透過練習不同環境、不同狀況下的各種小學生會遇到的難題，鼓勵阿君在衝動情緒前，先深呼吸停一下思考後再行動，聰明的他慢慢的有能力分析加上醫師給予的藥物協助，減少衝動對他的影響。

改變並不是一下子就發生的，上課還是會不專心、同學相處還是會有紛爭，但孩子已經不再出現上課遲到的事情，往往還是最早到的孩子！慢慢的建立起孩子的優勢，發現他的英文發音很不錯、在課輔班也發現她數學的優勢，理解和運算能力是班上最好的，我和老師們都給予他正面的評價，漸漸的他和同學的關係改變了，同學願意接納他欣賞他。

在混齡的希望小學班上，讓阿君擔任照顧年紀小的新生！有一次社工到校關心孩子們的狀況，便問問阿君新來的小朋友在班上的狀況，想了解他們兩個相處的情形，阿君很可愛的跟我說：「老師，他就跟以前的我一樣啊！我會照顧她的！」這一刻讓我安心了，阿君，在這個班上找到了歸屬感。

— 阿君的需求診斷結果 —

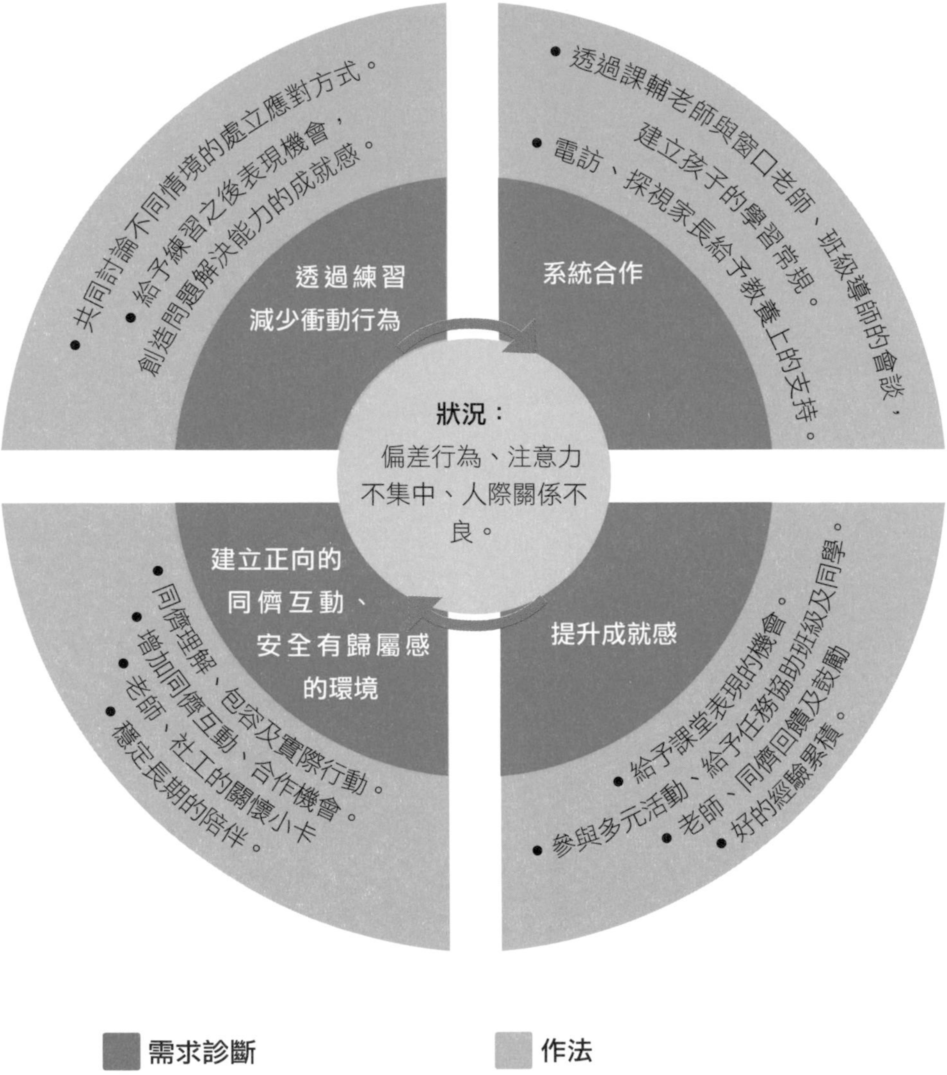
● 共同討論不同情境的處立應對方式。
● 給予練習之後表現機會，創造問題解決能力的成就感。
透過練習
減少衝動行為
● 透過課輔老師與窗口老師、班級導師的會談，建立孩子的學習常規。
● 電訪、探視家長給予教養上的支持。
系統合作
狀況：
偏差行為、注意力不集中、人際關係不良。
建立正向的
同儕互動、
安全有歸屬感
的環境
● 同儕理解、包容及實際行動。
● 增加同儕互動、合作機會。
● 老師、社工的關懷小卡
● 穩定長期的陪伴。
提升成就感
● 給予課堂表現的機會。
● 參與多元活動、給予任務協助班級及同學。
● 老師、同儕回饋及鼓勵
● 好的經驗累積。
需求診斷
作法

VOL.30

我相信，我是好孩子！

小奇的動人改變歷程

小奇，四年級開始加入希望小學，很調皮！

但在希望小學課輔班是表現最穩定、最少挨罵的時候。

他謹記希望小學老師說，說謊比做錯事更不好，

明白只要誠實，希望小學的老師都可以接納，

他說：「在希望小學雖然還是會被管教，但我很安心，

我真的很喜歡來這裡上課。」

小奇生長的背景複雜，原本是由單親母照顧，但由於後來母親改嫁，因此小奇有一陣子是離開媽媽，改由其他長輩照顧。但因為照顧的長輩耳朵重聽，小奇常需要透過紙筆繪畫的方式與長輩互動，久而久之，小奇也開始對繪畫產生興趣。但也由於長輩重聽的關係，小奇平時要讓長輩知道他正在講話，或是要讓長輩看他的圖，得去碰觸長輩的身體，或是很靠近跟長輩講話，因此跟長輩的互動模式，讓小奇養成跟他人相處上，會習慣性的靠對方很近、或是習慣在未詢問對方的狀況下，碰觸他人，因為這個習慣，常常讓小奇的同學會覺得不舒服而對他有所抱怨。

後來，小奇的媽媽將小奇接過去新的家庭一起居住，但同住的繼祖母對小奇的管教十分嚴格，小奇會因害怕被責罵，而習慣用說謊來掩飾他的行為。除此，小奇在學校也有許多狀況，除了面對學習，動機弱，每日的課業常常缺繳，在校常規部分也不佳，有說謊、偷竊的習慣，或許是為了獲得別人的認同或喜歡，小奇會將偷竊來的物品分享給週遭的人，希望能藉由物質的給予，讓大家可以跟他一起玩。

搭上希望小學的列車

加入希望小學課輔後，由於希望小學對小奇來說，是個新環境，且是小班制，因此小奇常規部分相對學校表現較為穩定一些，可以遵守基本規範，但在課輔還是有不少狀況出現。

小奇在課輔班，雖不曾出現像學校上課時明顯的偷竊行為，如：偷老師的獎勵品等等。但課輔老師，偶然發現他的文具會在沒注意的狀況下遺失；小奇也曾戴著其他同學的名牌運動手環來上課，後來被同學發現，才知道原來是小奇沒經同意，就把他人手環直接拿走當成自己的；或是同學掉在地上的文具等物品，小奇看到或撿起來時，第一時間並不會主動歸還，而會先占為已有。這些狀況在他的生活中很常發生，但因為小奇是個非常「好面子」的孩子，非常在意自己在老師和同學面前的形象，因此縱使做錯事的當下被他人發現，他通常都不會承認，還會更大聲地用力反駁。

習慣說謊，影響人際關係

有次在課輔班，小奇在紙條上寫著辱罵同學的話語，但紙條不小心被老師撿到，看了字跡明顯是小奇寫的，但小奇看了紙條的字跡後，不僅沒有當下認錯，反而情緒十分激動的表示，這紙條絕對不會是他寫的，也急著辯解說，這教室來來去去的人這麼多，又不是只有我一個人，有什麼證據說是我寫的！講完後，小奇甚至為了積極證明不是自己，而開始說一些明顯是謊話的訊息，要來讓老師相信他的話。

小奇面對做錯、不喜歡、想要逃避，或是覺得怕丟臉的事情，第一個反應，通常會習慣用謊話來回應。面對不喜歡的作業，假裝作業範圍減少；面對拿取他人物品，假裝物品真的是自己的；上課遲到，假裝是被老師留下⋯⋯。每天小奇最常「假裝」的事情就是：假裝沒作業。由於小奇不喜歡寫回家作業，所以常會指著學校聯絡本向課輔老師說，這項作業導師說我不用寫，或是這項作業我放在學校教室，導師叫我放小組長那邊，所以我沒帶回來。或是他直接就修改聯絡簿註記，例如數習 P58-P60，小奇就會寫成 P58-P59 等等。他也習慣用說謊來因應不想面對事物的狀況，也直接或間接地影響到他的人際關係。

我想成為大家的朋友

在與同學相處上，由於小奇容易拿取他人物品未歸還，且若同學向他討回，他還會不承認，甚至開始編造其他理由或開始說謊，因此漸漸的小奇的人際關係受到影響，其他孩子對於小奇也有了刻板印象，使得小奇的人際關係更加困難。

在這樣的狀況下，小奇開始用其他不恰當的方式來交朋友，他開始會偷老師的物品，如：獎勵品零食等等。然後發放分享給其他孩子，希望能讓其他同學因此跟他一起玩，或是喜歡他，但這樣的作為，卻反而讓他受到更多、更嚴厲的管教，人際關係也未因此而改善。

再加上，小奇因之前曾寄住在重聽長輩家，養成與人相處距離過近，也會不自覺的隨意碰觸他人的習慣，也造成老師或是同學的不舒服感。以上種種因素，讓小奇不僅在人際關係上受挫，其不良的行為表現也無法因此而改善。

我們這樣陪伴孩子

整觀小奇的狀況，我們發現，由於小奇從小的成長環境，十分缺乏安全感，一路成長的過程似乎缺乏了一份可以讓他安心、穩定依靠的關愛，因此，讓他會因為害怕被處罰或在無法面對問題時，開始用說謊行為去因應或是逃避，他不想面對的狀況，或是用偷竊的方式來滿足自己的期望，滿足想要同儕陪伴的需求等。因此，如何讓小奇能感受到信任、正向與安全的環境，是幫助小奇的最大挑戰和關鍵，所以，我們決定從三個方面來協助小奇。

建立安全感的環境

運用身教、言教、境教，教導及示範做錯事正確的應對方式。小奇在課輔班發生不佳的行為表現時，課輔老師會以平穩堅定的態度處理，讓小奇不會因為要被老師管教，而先帶恐懼被責罵的害怕，而開始想編造謊言。老師會用溫和的態度，請小奇好好想想他所做的事情，然後再說出來。過程中，課輔老師也會強調誠實回答，只是要負起該完成的責任，誠實回答並沒有想像中的可怕。小奇誠實回答後，課輔老師會優先稱讚願意說實話的行為，當然小奇也會負起做錯事該負的責任。當天發生的狀況，當天課輔社工也會同時聯繫小奇的導師及家長，告知他們小奇誠實的表現，請他們一同稱讚，這樣的循環，正增強了維持誠實的表現。

當然，除了小奇，課輔班其他孩子若有犯錯，課輔老師也會用同樣方式處理，希望能透過課輔老師不斷的示範，讓小奇慢慢相信，自己說出實話是對的且是安全的。很慶幸，到小奇在希望小學課輔的第二年，小奇並不是不會再犯錯，但他已經可以做到勇敢誠實承認自己錯誤，且還成為課輔班的榜樣。

再來我們希望教導孩子可以安心地說出期待，並用正確的方式獲得想要的東西。我們開始教導，並讓小奇相信，每個人都可以用正確的方式，來表達自己的期望和需求，只要用正確方法，這就不是件錯事。

希望小學在課輔運作期間，有施行具體的積點獎勵制度，孩子們可以累積每天的好表現獲得的點數，去兌換他們想要的東西。因此，在學期初，老師們會詢問課輔學童包括小奇，有沒有比較想要或需要的東西，我們可以放在獎勵品裡面讓他們用點數兌換。在課輔期間，也會每個月安排一次兌換時間，讓小奇每個月可以有一次機會兌換自己想要或喜歡的東西，讓他習慣和知道，可以用這樣的方式獲得自己想要的東西，只要方式正確，不僅不會被責罵，老師還會主動提供他喜歡的東西讓他兌換。

發掘亮點，建立自信及成就感

首先給予機會展現繪畫亮點。課輔老師發現小奇擅長繪畫，因此開始將小奇的繪畫長才運用在課程安排中，例如：課輔老師會與小奇進行繪畫 PK、請小奇幫忙繪畫英文字卡，或是希望小學製作的課輔影片，請他協助繪畫永齡希望小學的 LOGO 等，在課輔班有繪畫需求的地方，就可以看到小奇畫作的展現。除此，也推薦他參加畫畫比賽，希望他能多嘗試各種機會，累積其對自己優勢能力的自我概念。後來在小奇的自我介紹中，很會畫畫就是他固定的介紹，在其他同學眼正向被紀錄，成為小奇相信自己和肯定自己的重要依據。

中，他就是很會畫畫的代表。

其次是教導與人相處合宜距離及身體所有權的概念。社工老師會請小奇下課在旁觀察其他同學們在玩耍時，彼此的身體距離，透過從觀察中，讓他看到同學們喜歡和習慣的距離，也在課輔班透過繪本故事教導小奇和同學們，自己是自己身體的所有權，每個人都要被尊重也要學習尊重他人。除此，在課輔時若老師教導小奇，出現小奇靠老師的距離太近或是碰觸老師身體，課輔老師皆會給予溫柔提醒；下課小奇在與其他同學遊戲時，老師也會不時提醒小奇，若小奇當下能立即修正距離，老師會給予立即的口頭稱讚，慢慢養成他習慣與人相處的舒適距離和尊重他人。

持續正向行為紀錄，改變學童自己的自我概念及重要他人的既有印象。在每一次的課輔後，課輔老師皆會具體紀錄當日課輔小奇正向的表現，讓小奇其周遭重要他人（導師、家長）皆能看到和了解小奇在課輔班穩定的狀況。也希望藉由這樣的紀錄，讓小奇在課輔班的好表現讓更多人知道，漸漸改變大家對小奇的既有印象。且也能讓小奇透過每日在聯絡簿上的正向表現紀錄，相信自己是可以做到的，正增強小奇正向行為。此紀錄方式在小奇課輔期間，持續進行二年，每日課輔從未間斷，直到小奇在希望小學課輔班畢業。

小奇和課輔老師都很珍惜這不管大小，只要是正向的，都會被紀錄的聯絡簿，而這些紀錄，也成為小奇相信自己和肯定自己的重要依據。

協助孩子建立物權觀念，並堅持原則，持續教導

為了幫助小奇建立物權觀念，課輔老師與小奇互動時，會強調「我的」、「你的」、「某某人的」等等擁有者權力的觀念，讓他慢慢建立對於每個物品，皆有所有權人的觀念，並讓小奇知道物品若不知道擁有者，是要去確認，而不是當下就可以占為己有，並強調借用的重要性。

課輔老師在平日與案主的互動中，訓練並強化案主使用「借用」話語的習慣，和了解該有的相對應行為。如：小奇這是老師「借」給你的筆，用完請記得「還」給老師。讓小奇知道若物品是別人的，要使用請要跟別人借，借完後則要歸還，這才是正確的借還程序。

請課輔老師和導師等周遭重要他人，堅持借與還原則，不因小奇的要求就直接贈予，也持續提醒借還的規則及尊重所有權者的禮貌等。課輔班其他孩子，也是依照借還原則，借用他人物品，讓小奇在潛移默化中，能將此原則內化到他的習慣中。

小奇從課輔班畢業時，很幸運的，我們看到他明顯的改變與成長，雖然改變與成長非一蹴可幾，且每個孩子都是那麼獨一無二。因此我們在陪伴孩子的過程中總是一次一次嘗試，也經歷一次一次挫折，但只要持續拉著孩子往前，縱使不一定會看到改變的成果，我們都知道我們正走在正確的道路上，因為我們衷心相信，每個孩子都是好孩子！

—— 小奇的需求診斷結果 ——

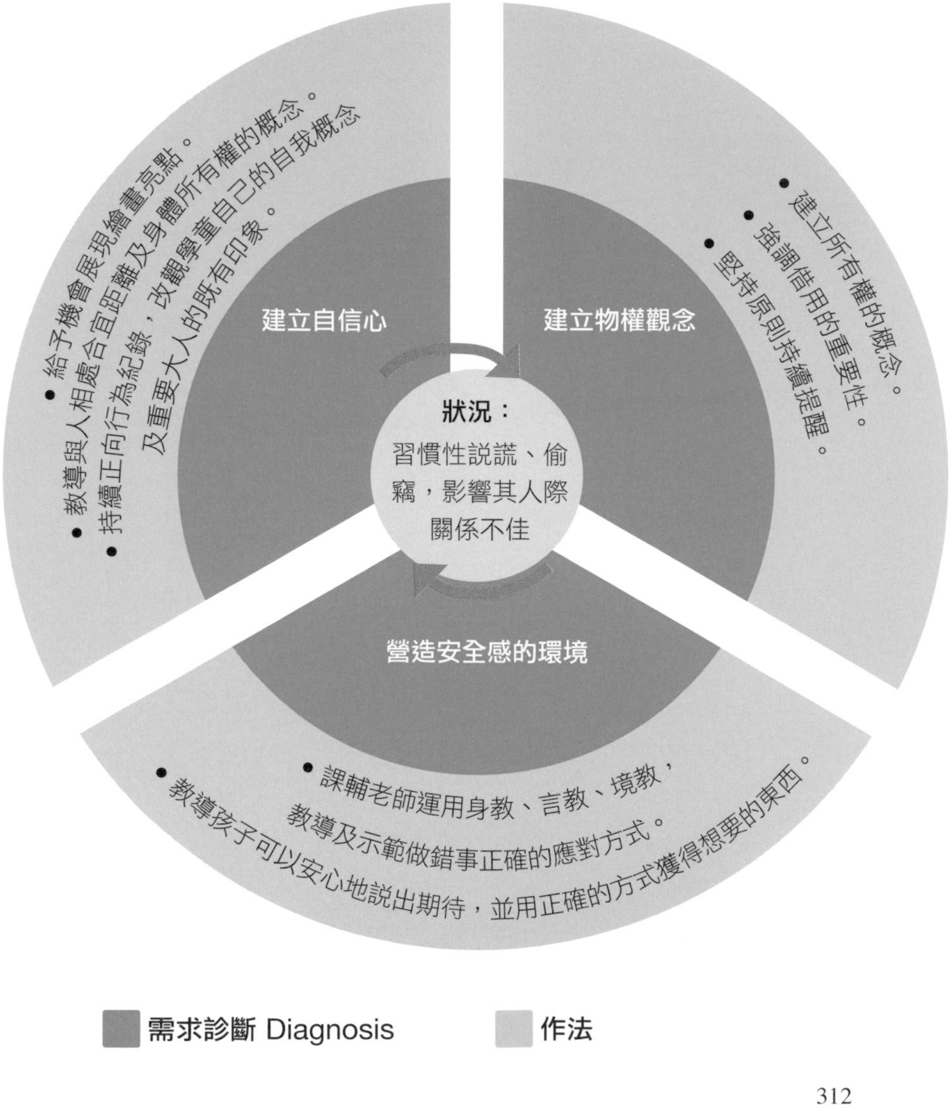
建立自信心
建立物權觀念
營造安全感的環境
狀況：
習慣性說謊、偷竊，影響其人際關係不佳
• 給予機會展現繪畫亮點。
• 教導與人相處合宜距離及身體所有權的概念。
• 持續正向行為紀錄，改觀學童自己的自我概念及重要大人的既有印象。
• 建立所有權的概念。
• 強調信用的重要性。
• 堅持原則持續提醒。
• 課輔老師運用身教、言教、境教，教導及示範做錯事正確的應對方式。
• 教導孩子可以安心地說出期待，並用正確的方式獲得想要的東西。
需求診斷 Diagnosis
作法

不只是陪伴

永齡・鴻海台灣希望小學與孩子們的生命故事

作　　者　永齡・鴻海台灣希望小學專職團隊作者群
策劃總召　永齡慈善暨教育基金會執行長 劉宥彤
編　　輯　徐詩淵
校　　對　永齡・鴻海台灣希望小學專職團隊作者群、徐詩淵
美術設計　劉錦堂

發 行 人　程顯灝
總 編 輯　呂增娣
主　　編　徐詩淵
編　　輯　吳雅芳、黃匀薔
美術主編　劉錦堂
美術編輯　吳靖玟、劉庭安
行銷總監　呂增慧
資深行銷　吳孟蓉
行銷企劃　羅詠馨

發 行 部　侯莉莉
財 務 部　許麗娟、陳美齡
印　　務　許丁財
出 版 者　四塊玉文創有限公司

總 代 理　三友圖書有限公司
地　　址　106台北市安和路2段213號4樓
電　　話　(02) 2377-4155
傳　　真　(02) 2377-4355
E-mail　service@sanyau.com.tw
郵政劃撥　05844889 三友圖書有限公司

總 經 銷　大和書報圖書股份有限公司
地　　址　新北市新莊區五工五路2號
電　　話　(02) 8990-2588
傳　　真　(02) 2299-7900

製版印刷　卡樂彩色製版印刷有限公司

初　　版　2019年12月
定　　價　新台幣360元
ISBN　978-957-8587-94-6（平裝）

永齡・鴻海台灣希望小學專職團隊：王詩雅、王秀貞、田淳凱、呂逸婷、林旻萱、林昕衡、林佩菱、邱仕融、程珮庭、許雅棠、張芸萱、張雅柔、張慎恩、陳偉立、陳俞翎、陳建汝、葉宜吟、黃慧菁、黃瑋茹、黃怡珊、黃宜靜、蔡玉婷、鄭懿杰、劉明玉、劉光曜、鍾宜芬、謝承勳、戴淑嫦。（按姓氏筆劃排列）

國家圖書館出版品預行編目(CIP)資料

不只是陪伴：永齡鴻海台灣希望小學與孩子們的生命故事 / 永齡.鴻海台灣希望小學專職團隊作者群著. -- 初版. -- 臺北市：四塊玉文創, 2019.12
面；　公分

ISBN 978-957-8587-94-6(平裝)

1.偏遠地區教育 2.教育輔導
575.13　　108016446

SANYAU
http://www.ju-zi.com.tw
三友圖書
友直 友諒 友多聞

廣　告　回　函
台北郵局登記證
台北廣字第2780 號

地址：　　　縣/市　　　鄉/鎮/市/區　　　路/街

段　　巷　　弄　　號　　樓

SANYAU

三友圖書有限公司 收

SANYAU PUBLISHING CO., LTD.

106　台北市安和路2段213號4樓

【黏貼處】對折後寄回，謝謝。

親愛的讀者：
感謝您購買《不只是陪伴：永齡．鴻海台灣希望小學與孩子們的生命故事》一書，為感謝您對本書的支持與愛護，只要填妥本回函，並寄回本社，即可成為三友圖書會員，將定期提供新書資訊及各種優惠給您。

姓名＿＿＿＿＿＿＿＿ 出生年月日＿＿＿＿＿＿＿＿
電話＿＿＿＿＿＿＿＿ E-mail＿＿＿＿＿＿＿＿
通訊地址＿＿＿＿＿＿＿＿
臉書帳號＿＿＿＿＿＿＿＿
部落格名稱＿＿＿＿＿＿＿＿

1 年齡
□18歲以下 □19歲～25歲 □26歲～35歲 □36歲～45歲 □46歲～55歲
□56歲～65歲 □66歲～75歲 □76歲～85歲 □86歲以上

2 職業
□軍公教 □工 □商 □自由業 □服務業 □農林漁牧業 □家管 □學生
□其他＿＿＿＿＿＿＿＿

3 您從何處購得本書？
□博客來 □金石堂網書 □讀冊 □誠品網書 □其他＿＿＿＿＿＿＿＿
□實體書店＿＿＿＿＿＿＿＿

4 您從何處得知本書？
□博客來 □金石堂網書 □讀冊 □誠品網書 □其他＿＿＿＿＿＿＿＿
□實體書店＿＿＿＿＿＿＿＿ □FB（微胖男女粉絲團-三友圖書）
□三友圖書電子報 □好好刊（季刊） □朋友推薦 □廣播媒體

5 您購買本書的因素有哪些？（可複選）
□作者 □內容 □圖片 □版面編排 □其他＿＿＿＿＿＿＿＿

6 您覺得本書的封面設計如何？
□非常滿意 □滿意 □普通 □很差 □其他＿＿＿＿＿＿＿＿

7 非常感謝您購買此書，您還對哪些主題有興趣？（可複選）
□中西食譜 □點心烘焙 □飲品類 □旅遊 □養生保健 □瘦身美妝 □手作 □寵物
□商業理財 □心靈療癒 □小說 □其他＿＿＿＿＿＿＿＿

8 您每個月的購書預算為多少金額？
□1,000元以下 □1,001～2,000元 □2,001～3,000元 □3,001～4,000元
□4,001～5,000元 □5,001元以上

9 若出版的書籍搭配贈品活動，您比較喜歡哪一類型的贈品？（可選2種）
□食品調味類 □鍋具類 □家電用品類 □書籍類 □生活用品類 □DIY手作類
□交通票券類 □展演活動票券類 □其他＿＿＿＿＿＿＿＿

10 您認為本書尚需改進之處？以及對我們的意見？
＿＿＿＿＿＿＿＿

感謝您的填寫，
您寶貴的建議是我們進步的動力！

【黏貼處】對折後寄回，謝謝。

本計劃感謝教育部國民及學前教育署從一〇四學年度至今支持「永齡・鴻海台灣希望小學」弱勢學生補救教學（學習扶助）計劃，補助課輔老師鐘點費，政府與民間積極合作，為弱勢兒童盡一份心力。